그리스도의 교리

Doctrine of Christ

김진호 지음

믿음의말씀사

그리스도의 교리

발행일 2017. 2. 23 1판 1쇄 발행
　　　　2021. 2. 24 1판 2쇄 발행
지은이 김진호
발행인 최순애
발행처 믿음의말씀사
2000. 8. 14 등록 제 68호
(우) 16934 경기도 용인시 기흥구 신정로 301번길 59
Tel. 031) 8005-5483 Fax. 031) 8005-5485
http://faithbook.kr

ISBN 89-94901-71-× 03230
값 10,000원

* 본 저작물의 저작권은 '믿음의말씀사'가 소유합니다.
　저작권법에 의해 보호를 받는 저작물이므로 무단 전재와 복제를 금합니다.
* 이 책에 인용된 성경 구절은 대한성서공회 개역개정판을 사용하였으며,
　예외의 경우에는 따로 표기하였습니다.

| 목차 |

1장 그리스도의 교리 _ 5

2장 죽은 행실들에서 회개함 _ 31

3장 하나님께 대한 믿음 _ 53

4장 침례들 _ 69

5장 안수 _ 127

6장 산 자와 죽은 자의 부활과 영원한 심판 _ 147

1장

그리스도의 교리

기본이 근본이다

"그리스도의 교리"는 그리스도인이면 꼭 알아야 하는 근본이 되고 기본이 되는 진리를 말합니다. 성경은 한 가지 주제만 가지고 한평생 공부를 해도 완전히 다 알 수 없을 만큼 심오하고 지혜와 계시가 숨겨져 있습니다. 그러나 기본은 언제나 가장 중요하고 근본이 되는 것입니다. 운동선수들이 실력과 기술을 발전시키는 것도 기초 체력과 기본자세가 준비되어 있어야 가능합니다. 기본이 철저하게 준비되어 있지 않으면 그 다음 단계로 성장하고 발전할 수 없기 때문입니다.

오랫동안 주일 예배에 참석하며 설교를 들어도 심지어 "구원의 확신" 조차 없는 그리스도인들을 만날 때면 수많은 단편적인 설교를 듣는 것보다 단 한 시간이라도 확실하게 구원에 관한 기본 진리를 깨우쳐 주는 것이 얼마나 중요한지를 깨닫게 됩니다. 그러면 구원받은 그리스도인이 기본적으로 꼭 알아야 할 진리는 무엇일까요? 성경은 "그리스도의 교리Doctrine of Christ"란 이름으로 정확하게 명시하고 있습니다.

영적 성장의 기준

멜기세덱에 관하여는 우리가 할 말이 많으나 너희가 듣는 것이 둔하므로 설명하기 어려우니라 때가 오래 되었으므로 너희가 마땅히 선생이 되었을 터인데 너희가 다시 **하나님의 말씀의 초보**에 대하여 누구에게서 가르침을 받아야 할 처지이니 단단한 음식은 못 먹고 젖이나 먹어야 할 자가 되었도다 이는 젖을 먹는 자마다 어린아이니 의의 말씀을 경험하지 못한 자요 단단한 음식은 장성한 자의 것이니 그들은 지각을 사용함으로 연단을 받아 선악을 분별하는 자들이니라   히 5:11-14

먼저 "너희가 듣는 것이 둔하므로" 설명하기가 어렵다고 하였습니다. 아무리 좋은 이야기를 해도 어린아이가 알아듣는 것에는 한계가 있습니다. 아이가 이해할 수 있는 어휘가 적기 때문입니다. 뿐만 아니라 하나님의 말씀은 영적인 것이기 때문에 사모하는 마음과 믿음으로 받는 사람에게 역사합니다. 단순한 정보를 얻는 수준이 아니라, 성령님이 지혜와 계시를 주셔야 알 수 있습니다.

사람의 몸은 특별한 경우가 아니면 시간이 흐르면서 성인이 됩니다. 그러나 혼적인 부분은 몸과는 달리 교육, 경험, 훈련에 따라 차이가 생깁니다. 거듭나지 않은 사람의 영은 영적으로 죽은 상태로 머물러 있습니다. 거듭난 영적 어린아이도 기본이 되는 말씀을 배우지 않으면 시간이 지나도 "영적 어린아이" 상태를 벗어나지 못합니다.

부모는 자녀가 어렸을 때부터 몸의 성장뿐만 아니라 사람을 대하는 기본적인 예절에 대한 것들도 가르칩니다. 집에서 부모님의 사랑을 독차지하다가 유치원에 다니면 다른 사람들과 함께 더불어 살며 좋은 것들을 나누는 것을 배웁니다. 사람을 만나면 인사하는 것부터 시작해서 손윗사람 및 친구를 대하는 방법까지 가르칩니다.

마찬가지로 하나님 말씀의 기초를 아는 것의 중요성을 이렇게 말씀하고 있습니다. "때가 오래 되었으므로 너희가 마땅히 선생이 되었을 터인데, 너희가 다시 하나님의 말씀의 초보에 대하여 누구에게서 가르침을 받아야 할 처지이니" 시간이 많이 지나 영적으로 성장해서 다른 사람을 가르치고 부모 역할을 할 때가 되었는데 오히려 하나님의 말씀의 기초에 대해서 가르침을 받아야 할 처지에 있다고 했습니다. 다른 사람을 가르치는 수준은, 결혼하여 자녀를 낳음으로 부모가 되듯이 내가 만난 예수 그리스도의 복음을 전하여 전도의 열매를 맺어 셀리더로서의 역할을 할 수 있는 정도로 볼 수 있습니다.

"의의 말씀"을 경험하지 못한 자는 영적 어린아이라고 했습니다. "의의 말씀"이란 하나님은 의로운 분이시며, 하나님의 말씀과 행하시는 일이 모두 의로우며, 더 나아가서는 그리스도의 구원을 통해 믿는 자들을 의롭다고 하신 "은혜의 말씀"이 바로 의의 말씀입니다. 성숙한 사람에 대해 성경은 이렇게 말합니다.

그들은 지각을 사용함으로 연단을 받아 선악을 분별하는 자들이니라

[새번역] 그들은 경험으로 선과 악을 분별하는 세련된 지각을 가지고 있는 사람들입니다.

[ESV] ··· for those who have their powers of discernment trained by constant practice to distinguish good from evil.

히 5:14

하나님의 말씀을 기준으로 선악을 판단하는 사람이 장성한 자입니다. 사람들의 경험과 이론은 모두 다르기 때문에 절대적인 기준이 될 수 없습니다. 창세기의 선악과에 관한 말씀에서 보여준 것과 같이 선과 악의 기준은 오직 하나님의 말씀입니다. 하나님은 옳으며righteous 그분의 말씀은 옳습니다righteous. 그러므로 우리는 하나님의 말씀을 깨닫고 영적인 감각을 훈련함으로써 선과 악을 분별할 수 있는 영적으로 장성한 사람이 됩니다.

그리스도의 말씀의 초보

그러므로 우리가 **그리스도의 도의 초보**를 버리고 죽은 행실을 회개함과 하나님께 대한 신앙과 침례들과 안수와 죽은 자의 부활과 영원한 심판에 관한 교훈의 터를 다시 닦지 말고 완전한 데로 나아갈지니라

히 6:1-2

히브리서 5장 7절에서는 "하나님의 말씀의 초보"라고 했지만 6장 1절에는 "그리스도의 도의 초보"[1]라고 했는데, 여기에서 "도"는 "로고스logos" 즉 "그리스도의 말씀"입니다. 여기에서 "하나님의 말씀"이란 신약성경이 완성되기 이전이므로 히브리인들의 구약성경 전체를 가리키는 것으로 볼 수 있습니다. 그러나 이 편지를 받아 읽게 될 신약시대의 그리스도인들에게는 바로 신약성경 가운데 "그리스도의 말씀"이 기초요 기본입니다. 여기에서 "초보"는 "기초foundation"입니다. 건물을 지으려면 먼저 기초부터 파야 하는데, 건물이 높을수록 기초를 깊이 파야 튼튼합니다. 이와 마찬가지로 신앙생활에서도 "그리스도의 도의 기초" 즉 앞으로 지속적인 성장이라는 고층 건물을 올리는 데 필요한 "그리스도의 말씀의 기초"는 매우 중요합니다.

이런 기본과 기초가 되는 말씀은 죽은 행실들에서 회개함, 하나님께 대한 믿음, 침례들, 안수, 산 자와 죽은 자의 부활, 영원한 심판 이상 여섯 가지입니다.

---

1) the principles of the doctrine of Christ: KJV; the elementary teachings about Christ: NIV; the basic things we were taught about Christ: CEV; the basics of Christianity: NLT; the preschool finger painting exercises on Christ: MSG

사도들이 가르친 교리

그들이 사도의 가르침을 받아 서로 교제하고 떡을 떼며 오로지 기도하기를 힘쓰니라   행 2:42

위의 말씀은 예수님께서 승천하신 후 첫 번째 오순절 날 성령이 처음 오시고, 성령 충만한 베드로가 전한 말씀을 듣고 구원받은 삼천 명에 관한 이야기입니다. 수많은 사람들이 한자리에 다 모일 수 없어서 지금의 소그룹 형태로 집집마다 모였습니다. 성령이 오시므로 탄생한 교회의 모습입니다. 거듭난 그리스도인들은 갓 태어난 어린아이처럼 영적인 젖이 필요하였고 그들은 사도의 가르침[2]을 받았습니다.

---

2) Doctrine
  1. 교리, 교의, 주의, 신조, 학설 견해 정책. the Monroe D~ 먼로주의.
  2. 교훈 〈집합적〉 가르침. religious ~ 종교의 가르침.
  3. 교전(敎典)
    1. A principle or body of principles presented for acceptance or belief, as by a religious, political, scientific, or philosophic group; dogma.
    2. A rule or principle of law, especially when established by precedent.
    3. A statement of official government policy, especially in foreign affairs and military strategy.
    4. "a principle taught, advanced, or accepted, as by a group of philosophers"
* 유의어 : doctrine, dogma, tenet.

사도들은 예수님의 열두 제자로 예수님과 삼 년이 넘도록 함께 하면서 모든 것을 보고 듣고 배우며 훈련받았으며, 예수님이 부활하신 것을 목격한 증인들이었습니다. 우리는 신약성경에 기록된 것을 통해서만 사도들이 무엇을 가르쳤고 어떻게 증인으로서의 삶을 살았는지 알 수 있습니다. 오순절 이후 예루살렘 성전의 미문이란 곳에서 구걸하던 나면서 못 걷게 된 자를 예수 이름으로 일으켜 걷게 하였을 때 산헤드린 공회가 베드로와 요한을 심문하고 얻은 결론은 의미가 있습니다.

> 그들이 베드로와 요한이 담대하게 말함을 보고 그들을 본래 학문 없는 범인으로 알았다가 이상히 여기며 또 전에 예수와 함께 있던 줄도 알고 또 병 나은 사람이 그들과 함께 서 있는 것을 보고 비난할 말이 없는지라 행 4:13-14

무엇보다도 그들은 베드로와 요한을 비롯한 제자들이 본래 학문이 없는 범인이라는 것에 놀랐습니다. 그들은 갈릴리 어부로서 부모로부터 배운 고기잡이 외에는 다른 공부나 훈련을 받은 적이 없었고 세상 사람들이 인정하는 소위 "스펙"이란 것이 없었습니다. 그러나 그들은 전에 예수와 함께 있었던 제자들이었습니다. 하나님의 구원사역은 예수님이 십자가를 지시고 사흘 후에 부활하여 승천하신 것까지 사흘 밤낮에 이루어졌지만, 그리스도의 부활의 증인으로서 이 복음을 세상에 전파해서 주님이 다시 오실 때까지 전해야 할 제자들을 훈련하는 데는 삼 년 반이란 시간이 걸렸습니다. 이제 그들은 "예수로 말미암아 난 믿음"으로 "예수 이름으로" 병을 낫게 하여 그 사람이 그들 곁에 서 있었습니다. 그들이 예수님으로부터 배우고 훈련받은 것을 성경은 네 개의 복음서를 통해 우리에게 전해 주고 있습니다.

다른 책과 학문적인 이론들을 내려놓고, 그리스도의 말씀과 성령님과의 교제에 "함께 하는 것" 즉 "예수와 함께 있는 것"을 대체할 수 있는 것은 아무것도 없습니다. 이렇게 그리스도의 말씀과 믿음이 그들에게 이런 표적을 경험하게 하였듯이, 우리가 알고 전한 말씀으로 변화된 삶과 치유와 선한 일들은 주님이 함께 하신 증거입니다.

그들은 "예수 그리스도의 말씀"을 가르쳤으며, 히브리서 본문은 이를 일컬어 "그리스도의 도(말씀)의 초보"라고 했습니다. 사도들은 예수 그리스도로부터 배우고 훈련 받았으며, 그들은 자신들이 배우고 본 것을 이제 성도들에게 가르쳤으며, 성도들은 서로 "교제하고 빵을 떼는 것과 기도하는 것에 전념하였다"고 했습니다.

믿는 것을 확실하게 가르치는 것의 중요성

우리 가운데서 **가장 확실하게 믿게 되었던 일들의 실상**에 관하여 … 이는 각하가 **배우신 것들이 확실함을 알게 하려 함이라**

눅 1:1, 4, 한글킹제임스

누가는 데오빌로에게 예수 그리스도에 관하여 자신이 배우고 알게 된 것을 가르쳐 줌으로써 그의 믿음을 더 확실하게 하려고 우리에게 전해진 "누가복음"을 썼습니다. 누가가 데오빌로에게 편지를 썼듯이 우리도 다른 사람에게 우리가 확실하게 믿게 된 진리에 대해서 전할 수 있어야 합니다. 이미 믿는 자인데도 누가는 "그가 배운 것들을 확실하게 알게 하려고" 이런 대단한 글을 쓰는 수고를 아끼지 않았습니다. 그가 이미 배운 것을 더 확실하게 알고 믿도록 그는 자기의 조사 결과를 나누고 자신이 알게 된 것을 글로 써서 전달하였습니다.

자신도 확신하지 못하는 것을 다른 사람이 확신하도록 할 수는 없습니다. 그리스도인은 자신이 그리스도의 교리를 정확히 알고 있어야 전도한 사람을 양육하여 기초를 튼튼히 하도록 도와줄 수 있습니다. 영향력이 큰 한 사람을 위하여 누가는 편지의 형식을 빌어서, 사실은 대단한 연구 논문과 같은 문서로 후대에 전해 주었습니다. 그가 전해 듣고 배웠던 예수 그리스도의 복음을 누가 복음을 통해 전해 주었으며, 사도 바울과 함께 복음이 전파되지 않은 온 세상에 그 복음을 함께 전하는 동역자로서 보고 들은 것들과 그리스도인들의 삶과 교회의 모습을 기록한 사도행전을 통해 전해 주었습니다.

이렇게 기록되고 보존되어 우리 손에 전해진 문서인 신약성경은 정확하게 여러 사람들에게 시간을 초월하여 계속 전달할 수 있게 되었습니다. 우리는 이제 다양한 미디어를 활용하여 복음을 전할 수 있게 되었습니다. 과목을 심고 가꾸듯이 적절한 돌봄과 바른 진리를 가르치면, 때가 되면 좋은 열매를 저절로 맺게 될 것입니다. 전도한 한 사람의 거듭난 영 안에 그리스도의 말씀이 흥왕하여 세력을 얻도록 도와줌으로써 그가 접촉하며 영향을 끼칠 수 있는 가족과 이웃, 직장은 물론 도시와 지역에 이 복음을 전파할 수 있습니다.

> 바울이 그들을 떠나 제자들을 따로 세우고 두란노 서원에서 날마다 강론하니라 두 해 동안 이같이 하니 아시아에 사는 자는 유대인이나 헬라인이나 다 주의 말씀을 듣더라　　행 19:9-10

이와 같이 주의 말씀이 힘이 있어 흥왕하여 세력을 얻으니라

행 19:20

지금 내가 여러분을 주와 및 그 은혜의 말씀에 부탁하노니 그 말씀이 여러분을 능히 든든히 세우사 거룩하게 하심을 입은 모든 자 가운데 기업이 있게 하시리라

행 20:32

    예수님께서 그러하셨던 것처럼 바울은 제자들을 따로 분리하여 세우고, 이 년 동안 집중적으로 말씀을 가르쳤습니다. 그 결과 아시아에 사는 자는 다 주의 말씀을 듣게 되었습니다. 그들은 단순히 성경을 배우는 수준이 아니라 직접 자신의 삶의 현장이나 복음을 전할 지역을 맡아서 배운 것을 전하고 가르치며 제자를 만드는 제자로 훈련받은 것으로 보입니다.

    바울은 디모데에게 "믿음의 말씀들과 좋은 교리의 말씀들로 양육을 받으라nourished up in the words of faith and of good doctrine"(딤전 4:6)라고 부탁했습니다. 세상에서는 돈으로 필요한 것들을 살 수 있고 다른 사람들과 교제하고 어떤 일을 후원할 수도 있습니다. 영의 세계에서 화폐와 같은 기능을 가지고 있는 것은 믿음입니다. 하나님과 그분이 약속하신 말씀에 대한 믿음만 있으면 약속

하신 것을 받아 누릴 수 있습니다. 그러므로 주님께서 우리에게 원하시는 것은 바로 믿음입니다. 우리는 예수 그리스도의 복음을 듣고 믿음으로 구원받아 하나님의 자녀로 거듭날 뿐만 아니라 그 후로도 믿음으로 살아갑니다. "오직 의인은 믿음으로 말미암아 살리라"(롬 1:17). 그러므로 바울은 디모데에게 "믿음의 말씀들"을 배우라고 말했습니다.

새 언약 이전에 유대인들에게 주어진 옛 언약은 율법이었습니다. "너희가 이 율법을 순종하면 복을 받고, 불순종하면 저주를 받게 될 것이다." 그러나 아무도 모든 율법을 항상 지킬 수는 없습니다. 그래서 하나님께서는 옛 언약을 다 이루시고 이제 새 언약을 행할 수 있는 능력을 주시기 위해 아들을 통한 구원 계획을 가지고 계셨습니다.

예수 그리스도가 오셔서 우리를 위하여 십자가에 못 박혀 죽으시고 부활하심으로써 사망의 권세를 이기셨습니다. 이제 우리는 예수님을 주와 그리스도로 믿고 영접하면 새로운 피조물이 됩니다. 더 이상 죄인이 아니라 의인이며, 하나님의 사랑받는 자녀가 됩니다. 하나님은 자녀들이 이 땅에서 최고의 삶을 살 수 있도록 모든 것을 미리 계획하고 준비해 놓으셨습니다. 하나님께서는 모든 것을 할 수 있는 분이십니다. 우리가 최고의 풍성한 삶을 살 수 있도록 하나님께서는 예수 그리스도를 통하여 필요한 구원을 다 이루셨습니다.

그러므로 우리는 이제 하나님의 말씀을 통하여 삶의 목적을 알고 성령님의 인도를 따라 살 수 있게 되었습니다. 이것이 복음 곧 기쁜 소식입니다. 우리는 이 복음을 듣고 믿기만 하면 됩니다. 믿음을 통해 구원받은 자의 모든 유익을 누릴 수 있음을 알려주는 말씀이 "믿음의 말씀"입니다.

"믿음의 말씀들"과 함께 "좋은 교리의 말씀들"로 양육하라고 했습니다. 양육은 영양을 공급하여 성장시키는 것입니다. 그러므로 좋은 교리의 말씀은 영적 성장에 필요한 영양분입니다. 그리스도의 교리를 배우는 이유는 나만을 위해서가 아니라 다른 사람을 가르치기 위해서입니다. 영적으로 심각한 상황에 처했거나 오랫동안 문제가 해결되지 않고 있는 성도들은 일대일로 만나서 엄마가 아이를 양육하듯이 사랑으로 진리의 말씀을 가르쳐야 합니다. 이때 필요한 말씀이 "좋은 교리의 말씀" 즉 그리스도의 교리입니다. 한의학에서 약해진 몸의 건강을 회복시킴으로써 병을 치료하려고 노력하듯이, 영적인 치유도 말씀의 능력으로 근본적인 것을 다루어줌으로써 몸의 질병도 고치고 생각도 바꾸도록 합니다.

복음은 누구든지 듣고 믿기만 하면 인생의 모든 문제를 해결하는 능력을 가지고 있습니다. 우리는 이 복음을 모든 피조물에게 전하도록 부름을 받은 사명자입니다. "너희는 가서 침례를 주고 내가 분부한 모든 것을 가르쳐 지키게 하라" 누군가에게 복음을 전해서 예수님을 영접하고 성령을 받게 했다면, 이제 해야 할 일은 가르쳐서 그대로 살도록 하는 것입니다. 그리스도의 교리는 가르치기 쉽고 배우기도 쉽습니다. 정확한 말씀을 가르치고 그대로 행하면 정확한 효과가 나타납니다.

그리스도의 교리를 배우는 목적

이 닦아 놓은 기초 외에 아무도 다른 기초를 놓을 수 없나니 **이 기초는 예수 그리스도시라**   고전 3:11, 한글킹제임스

그리스도의 교리를 배우는 목적은 첫째, 그리스도의 교리는 우리의 믿음의 기초가 되기 때문입니다. 어렸을 때 기본 체력이 평생 중요하듯이 기초는 기본이므로 더욱 중요합니다.

둘째, 그리스도의 교리는 그리스도인의 신분과 권세를 알고 그 유익을 누릴 수 있게 해 주기 때문입니다. 모든 사람은 그리스도의

복음을 듣고 거듭나기 전까지는 영적인 눈이 먼 상태로 어둠 속에서 흑암의 권세 아래 살고 있습니다. 거듭난 사람도 "그리스도의 교리"의 초보를 모르면 "지식이 없으므로" 마귀에게 속고 당하는 삶을 살게 됩니다. 오직 계시 지식을 통해서만 영적인 눈을 뜨고 스스로 어둠에서 빛으로, 흑암의 권세에서 사랑의 아들의 나라로 빠져나와 하나님의 자녀로서 승리하며 살 수 있게 됩니다.

셋째, 그리스도의 교리는 우리에게 하나님 나라의 원리를 적용하여 사는 법을 가르쳐줍니다. 그리스도인은 이 땅에서 생명 안에서 왕 노릇하며 다스리며 살 수 있습니다. 하나님의 말씀의 원리대로 기능하여 신성한 건강과 형통하는 삶을 삶으로써 다른 사람에게도 같은 생명과 열매를 나누어 주는 삶입니다.

넷째, 그리스도의 교리는 다른 사람들에게 전하고 가르쳐서 계속 전파되어야 하기 때문입니다. 영적인 것은 아는 것을 말로 가르칠 뿐만 아니라 내가 먼저 변화된 사람으로서 변화된 삶을 사는 것을 보여 줄 수 있어야 합니다. 내가 할 수 있는 것을 다른 사람에게 가르칠 수 있는 실제적인 것입니다. 이렇게 기본이 되는 그리스도의 교리를 알게 되면 이제 이 진리 위에 굳게 서서 그리스도의 장성한 분량까지 자랄 수 있는 기초가 준비된 것입니다.

다섯째, 그리스도의 교리는 다른 교훈으로부터 보호받고 진리

위에 굳게 설 수 있게 해 줍니다. 위조지폐를 감정하려면 진짜 지폐의 특성을 정확히 아는 것이 중요하듯이 다른 가르침으로부터 미혹을 받지 않고 진리를 지켜 나가려면 그리스도의 교리를 정확히 아는 것이 가장 중요합니다. 그리스도의 교리는 가장 기본적인 지식이며, 새 신자를 보호하는 장치입니다.

> 내가 마게도냐로 갈 때에 너를 권하여 에베소에 머물라 한 것은 어떤 사람들을 명하여 **다른 교훈을 가르치지 말며** 신화와 끝없는 족보에 몰두하지 말게 하려 함이라 이런 것은 **믿음 안에 있는 하나님의 경륜**을 이룸보다 도리어 변론을 내는 것이라　　딤전 1:3-4

위의 말씀에서 바울은 디모데에게 "다른 교훈 wrong doctrine" 즉 잘못된 교리를 가르치지 말라고 했습니다. '어떻게 그런 거짓말에도 사람들이 그렇게 쉽게 속을 수 있을까?' 하는 생각이 들 수도 있지만, 진리를 알지 못하면 영적인 것은 더욱 쉽게 미혹됩니다. 왜냐하면 악한 영들이 역사하기 때문입니다.

> 그러나 성령이 밝히 말씀하시기를 후일에 어떤 사람들이 믿음에서 떠나 **미혹하는 영과 귀신의 가르침을 따르리라** 하셨으니　딤전 4:1

그러므로 이단을 만나면 특별한 성령의 인도하심과 지시가 없는 한 그들과 토론하며 전도하려고 애쓸 필요가 없습니다. 잘못 알고 있는 사람을 가르쳐주고 도와주고 싶지만 사실은 그들에게는 "미혹하는 영과 귀신"이 역사하고 있기 때문입니다. 그들은 자신들이 모르는 새로운 진리가 있을 수 있다는 열린 마음을 가지고 있지 않을 뿐 아니라, 다른 사람의 말을 들으려고 하지도 않습니다. 이러한 거짓 교리는 거짓된 가정에 뿌리를 둔 속이는 미혹의 영과 귀신의 가르침이란 것을 알아야 합니다.

여섯째, 그리스도의 교리는 **정확한 복음의 안경이라는 관점으로 성경을 읽으며 성장할 수 있게** 해 줍니다. 일 년 일독 성경 읽기표를 따라 읽으면 구약성경을 읽는 양이 신약성경보다 훨씬 비중이 클 수밖에 없습니다. 그러므로 복음서를 통해 하나님의 선하심과 전능하심, 그리고 서신서에 나타나 있는 정확한 복음의 내용과 새 언약의 유익들을 맛보기도 전에 구약성경을 읽으므로 율법의 정죄를 다시 받기 쉽습니다.

성경은 사회적, 도덕적 규범을 포함하고 있지만 지켜야 할 율법이나 법전으로서가 아니라 새로운 피조물로 거듭난 하나님의 자녀로서 아버지를 알고, 아버지의 뜻을 알며, 아버지를 사랑하며 사는 것을 배우도록 해야 합니다. 또한 예수 그리스도를 통하여 아버지의 성품과 사랑과 능력을 알게 하여 예수님처럼 생각하고, 말하고, 행동하며 사는 것을 배우는 것입니다. 내 안에 계신 그리스도가 나를 통하여 사시도록 성령님이 주인이 되고 그분이 인도하는 삶을 살도록 배우고 스스로 훈련하는 것입니다.

그리스도의 구원의 복음을 정확히 알고 거듭난 그리스도인은 그리스도 안에 있는 자신 즉 새로운 피조물이 된 자신의 모습을 성경에서 먼저 보아야 합니다. 그러므로 먼저 그리스도의 교리를 잘 배워서 정확한 복음의 안경을 쓰고 구약성경을 읽어야 합니다.

처음 성경을 읽으려는 새 신자에게 가장 안전하고 쉬운 방법 하나를 소개합니다. 먼저 요한일서와 요한복음을 읽도록 합니다. 요한일서는 짧은 편지일 뿐 아니라 구원의 확신을 가지도록 하는 쉬운 가르침이 분명하게 나와 있어 영적인 젖을 사모하도록 격려해 주는 책입니다. 이어서 예수 그리스도로 말미암은 복음을 알기 위해 요한복음을 읽습니다. 다음에는 예수님의 지상에서의 삶과 가르침, 그분의 죽음과 부활을 가장 짧게 기록한 마가복음을 읽도록 합니다. 이어서 사도행전을 읽으면 성도들이 어떻게 교회를 중심으로 복음을 전하며 제자 만드는 제자가 되어, 그리스도의 교회를 세우고 있는지를 배우며 각자의 부르심을 찾는 눈이 열리게 됩니다. 반드시 신약성경을 먼저 다 읽어야 하며, 최소한 히브리서라도 한 번 읽고 "율법과 복음의 차이"에 대한 간단한 공부를 한 후에 구약성경을 창세기부터 차례대로 읽으십시오. 그러면 율법의 두려움과 정죄에 쉽게 빠지지 않고 구약을 읽을 수 있을 것입니다.

그러면 신약성경이 아직 완성되기 전에 사도들은 어떻게 복음을 전했을까요? 그들의 설교를 보면 알 수 있습니다. 베드로와 바울은 모두 구약성경을 가지고 말씀을 전했습니다. 그런데도 그들은 그 방대한 두루마리 성경을 가지고도 정확하게 복음만을 뽑아서 예수 그리스도가 하신 일 즉 그리스도의 죽음과 부활의 의미를 정확하게 전했습니다.

복음을 정확하게 알지 못하고 구약성경 중심으로 성도들의 거룩과 헌신과 성숙을 설교하면서, 예배당을 짓기 위해 "성전 건축" 헌금을 독려하거나, 복을 받기 위해서는 구약에 나와 있는 온갖 절기 헌금들을 드려야 한다고 독려하고, "성직자", "주의 종", "전임 사역자"라는 이름으로 "만인 제사장"의 진리를 무력화하는 용어를 남용하는 목사들의 특권의식에 속지 말아야 합니다.

예수님은 구약성경을 가지고 정확히 하나님의 왕국의 도래를 선포하는 복음을 전하셨습니다. 예수님께서 공생애를 시작하시면서 고향 나사렛 회당에서 처음 하신 설교를 기록한 누가복음의 기사를 살펴보겠습니다. 먼저 예수님께서 인용하신 이사야서와 누가복음 말씀을 비교해봅시다.

주 여호와의 영이 내게 내리셨으니 이는 여호와께서 내게 기름을 부으사 가난한 자에게 아름다운 소식을 전하게 하려 하심이라 나를 보내사 마음이 상한 자를 고치며 포로된 자에게 자유를, 갇힌 자에게 놓임을 선포하며 여호와의 은혜의 해와 **우리 하나님의 보복의 날을 선포하여 모든 슬픈 자를 위로하되** 사 61:1-2

주의 성령이 내게 임하셨으니 이는 가난한 자에게 복음을 전하게 하시려고 내게 기름을 부으시고 나를 보내사 포로 된 자에게 자유를, 눈 먼 자에게 다시 보게 함을 전파하며 눌린 자를 자유롭게 하고 **주의 은혜의 해를 전파하게 하려 하심이라** 하였더라 눅 4:18-19

위의 누가복음 4장의 말씀을 보면 예수님께서 이사야서 61장을 인용하시면서 2절의 맨 마지막 부분 "하나님의 보복의 날을 선포하여"를 생략하고 "주의 은혜의 해를 전파하게 하려 하심이라"에서 끝내신 것을 발견할 수 있습니다. 그 이유는 예수님께서 이 땅에 오셔서 우리를 대신하여 심판을 받으시고 부활하심으로써, 이제 믿는 자들을 의롭다 하시는 은혜의 해가 왔기 때문입니다. 주님은 설교를 마치신 후에 "오늘날 너희 귀에 이 말씀이 응하였느니라" (눅 4:21)라고 선포하셨습니다.

우리도 구약성경을 사도들과 예수님께서 가르치신 것처럼 복음의 관점으로 읽을 수 있어야 합니다. 그렇지 않으면 복음으로 시작했음에도 불구하고 갈라디아 교회처럼 다시 율법으로 돌아가 혼란을 겪을 수 있기 때문입니다. 정확한 복음을 정리한 좋은 책을 중심으로 먼저 복음을 정확하게 이해하도록 노력하십시오. 이런 책들을 반복해서 읽음으로 복음의 관점을 공고히 하십시오.

개인적으로 저는 제가 복음을 정확히 이해하고 성경을 복음의 안경을 쓰고 읽을 수 있도록 해 주신 E. W. 케년Kenyon 목사님의 저서를 추천합니다. 이분은 하나님께서 보내신 선구자로서 사도 바울이 받은 계시를 종교 개혁자 마틴 루터 이래로 가장 정확하게 이해하였을 뿐만 아니라 쉽고 정확한 영어 표현으로 책을 썼습니다. 케년의 책은 한 세대 후에 하나님께 귀하게 쓰임 받았던 잔 G. 레이크,

---

3) E. W. 케년(2014), 『두 가지 의』, 믿음의말씀사, p.7에 실린 T. L 과 Daisy Osborn이 쓴 서문 참고.

케네스 해긴, T. L. 오스본3) 같은 믿음의 거장들에게 크나큰 영향을 끼쳤습니다.

　정확한 복음을 알게 되면 예수 그리스도의 복음이 아닌 것을 구별할 수 있습니다. 즉 복음이 아니고 그리스도의 영이 아닌 것을 성도는 그가 받은 복음의 계시와 그 안에 계신 진리의 성령을 통해 분별할 수 있습니다. 진짜 지폐의 중요한 특징을 아는 사람이 위조지폐를 구별할 수 있는 것과 같은 원리입니다.

　거짓 교리는 육신을 높임으로써 탄생합니다. 처음에는 성령으로 시작했어도 미혹당하여 육신을 높여 사람의 종, 마귀의 종이 되는 이단 교리에 빠지게 되는 경우가 많습니다. 하나님께서는 아담과 하와를 위해서 우주만물을 지으시고 세상을 다스리도록 하셨습니다. 하나님은 아담과 하와를 사랑하셨기 때문에 그들에게 자유를 주셨습니다. 동산 중앙에 있는 나무의 열매를 제외하고는 그들의 세상에 있는 모든 것을 누릴 수 있게 하셨습니다. 그러나 아담과 하와는 하나님의 말씀을 거역하여 마귀의 종이 되었습니다. 하나님의 말씀대로 사는 것이 그들이 누릴 수 있는 하나님이 계획하신 최고의 풍성한 삶임에도 불구하고, 마귀에게 속아서 하나님을 거역함으로써 마귀에게 종노릇하며 살게 되었습니다. 이처럼 거짓 교리에는 반드시 속박이 있습니다.

기독교 역사는 물론 우리 시대에도 이단들의 특징은 대개는 교주로 여겨지는 단 한 사람이 받았다는 특별한 계시를 주장할 뿐만 아니라, 재정적으로나 조직적으로 구성원들에게 진리를 알고 스스로 선택할 자유를 주지 않고 그들을 조종하여 종처럼 속박하는 특징을 가지고 있습니다.[4] 심지어 교회 안에서도 성도의 자유를 존중하지 않고 "율법적인 설교"로 성도들을 조종하고 다스리며 억압하고, 두려움이나 죄책감을 이용하여 목회자가 자기의 유익을 구하는 것은 잘못된 영으로 말미암은 것입니다.

솔로몬 왕은 부인이 300명 있었지만 술람미 여인을 사랑했습니다. 그 한 사람의 마음을 얻으려고 부른 사랑의 노래가 "노래 중의 노래"라는 이름의 "아가雅歌"입니다. 사랑은 자유를 전제로 하는 것이기 때문에 그가 왕이라 할지라도 자기의 권세로 사랑하는 여인의 사랑을 받을 수는 없었습니다.

그리스도인은 율법 때문이 아니라 하나님을 사랑하기 때문에 섬기는 사람들입니다. 주님을 사랑하기 때문에 주님을 더 잘 알고 더 사랑하기 위해서 그분의 편지인 성경을 읽습니다. 매일 성경을

---

[4] 사역자의 메시지와 그의 삶에 관한 문제는 이 책을 참고하십시오. 빌 해몬 (2015), 『어떻게 이런 일이 있을까?』, 씨아이코리아

몇 장씩 읽고 일 년에 꼭 신구약을 일독해야 할 의무가 있는 것도 아닙니다. 성경 읽기, 성경 공부, 기도, 섬김, 헌금 등 모든 것은 주님과 교회와 이웃을 사랑하는 마음에서 자원하여 하는 행위이지 해야 하는 의무가 아닙니다. 사랑하기 때문에 자신의 자유를 스스로 제한하고 이웃을 섬깁니다. 사도 바울도 "그러므로 만일 음식이 내 형제를 실족하게 한다면 나는 영원히 고기를 먹지 아니하여 내 형제를 실족하지 않게 하리라"(고전 8:13)고 하며 형제를 위해서 그들에게 시험이 된다면 고기를 영원히 먹지 않겠다고 했습니다.

그리스도인이 주일 예배를 드리는 것 역시, 구약시대의 이스라엘 백성들에게 주어졌던 안식일처럼 지켜야 할 계명 때문에 드려야 하는 의무가 아닙니다. 예배는 한 주의 첫 날에 나를 위해 죽으시고 부활하시고 영생을 주셔서 아름답고 치원 높은 삶을 살 수 있게 해 주신 주님을 기억하면서 감사함으로 성도들이 함께 모여 예배드리며 기뻐하고 축하하는 시간입니다. 또한 예배를 통한 말씀과 기름부음으로 남은 엿새 동안에도 주님과 동행하며 승리하는 삶을 살 수 있도록 신선한 기름부음과 은혜를 덧입는 시간입니다. 내가 어디에서 왔고, 무엇을 위해 살며, 어디로 가고 있는지, 부르심의 소망을 새롭게 하는 시간입니다. 그리스도의 구원에 감사하며 떡과 잔을 나눔으로 이 땅에서 지금 그리스도의 몸으로서 그리스도를 대신하여 살고 있는 자신의 신분과 사명을 새롭게 하는 시간입니다.

2장

죽은 행실들에서 회개함

첫 번째 그리스도의 교리는 **죽은 행실들에서 회개함**Repentance from dead works입니다. "행실들works"은 자신의 능력으로 하나님의 축복이나 은총을 얻으려는 인간의 모든 노력을 말합니다. "죽은dead"이란 아무 능력이 없는 것, 즉 아무 효과도 없고 변화도 일으키지 못하고 기여하는 바도 없다는 뜻입니다.

> 사람이 의롭게 되는 것은 율법의 행위로 말미암음이 아니요
>
> 갈 2:16

그리스도께서 세우신 새 언약 이전에는 율법을 지키면 복을 받고 율법을 지키지 못하면 저주를 받았습니다. 그러나 사람은 아무리

애를 써도 모든 율법을 항상 완전히 지킬 수 없습니다. 예수님은 말이나 행동으로 옮기지 않았어도 마음으로 율법을 어긴 것도 죄라고 말씀하셨습니다. "율법의 행위로 그의 앞에 의롭다 하심을 얻을 육체가 없나니"(롬 3:20). 그러므로 율법을 기준으로 하면 모든 사람은 죄인으로서 죄를 지으며 살 수밖에 없습니다. 그래서 바울은 율법 아래 있는 유대인의 상태를 이렇게 기록하였습니다.

> **내 속사람으로는 하나님의 법을 즐거워하되** 내 지체 속에서 한 다른 법이 내 마음의 법과 싸워 내 지체 속에 있는 죄의 법으로 나를 사로잡는 것을 보는도다 **오호라 나는 곤고한 사람이로다 이 사망의 몸에서 누가 나를 건져내랴 우리 주 예수 그리스도로 말미암아 하나님께 감사하리로다** 그런즉 내 자신이 마음으로는 하나님의 법을 육신으로는 죄의 법을 섬기노라   롬 7:22-25

로마서 7장 1절에서 시작해서 바울은 구원받지 못한 사람의 목소리를 일인칭으로 들려주고 있습니다. 어떤 주석가들이나 그들의 영향을 받은 설교자들은 의롭다 함을 얻은 그리스도인도 여전히 율법의 정죄를 받고 있는 그리스도인의 음성을 듣는다고 주장합니다. 그러나 바로 24-25절에서 주 예수 그리스도의 구원으로 말미암아 자신이 이제는 더 이상 율법의 정죄 아래 살지 않고 그리스도 안에서 살게 된 것을 감사하는 말을 함으로써, 이 부분은 그리스도인의 상태를 말하는 것이 아님을 분명히 하였습니다. 이 부분을 그리스도인의 갈등으로 해석하면서 사용하는 소위 "은혜로 용서받은 죄인"일 뿐이라는 말은 겸손을 가장한 잘못된 신학입니다. 예수 그리스도의 은혜로 용서받은 죄인을 가리켜 의인이라고 복음은 분명히 밝혔습니다. 우리를 용서하시기 위하여 죽으셨을 뿐만 아니라 의롭다하시기 위하여 살아나셨습니다. 하나님께는 죄인과 의인이 있을 뿐입니다. 오히려 죄를 지은 그리스도인은 "죄를 지은 의인"이라고 표현해야 맞는 말입니다. 늘 정죄감과 자책에 빠져서 십자가 앞에서 부끄러워하고 심지어 목사만 만나도 더 의롭게 살지 못하고 교회의 일에 더 헌신하지 못함을 기억하며 부끄러워하는 옷지 못할 종교심에서 자유로워야 합니다.

이어서 로마서 8장은 그리스도인의 성령 안에서의 삶의 위대한 자유와 진리를 설명하고 있습니다. 물론 그리스도인이라 할지라도 그리스도 안에 있는 자신이 어떤 존재이며 어떻게 사는지를 알지 못하거나 스스로 죄의 유혹에 빠져 죄의 지배 아래 들어갈 가능성과 위험은 항상 있는 것이 사실입니다.

구약의 얘기는 하지만 다윗의 경우는 거듭나서 하나님의 성령과 하나가 되었지만 이 세상에서는 몸 안에 살고 있는 그리스도인들에게 좋은 거울이 됩니다. 하나님은 다윗을 "내 마음에 맞는 사람a man after my own heart"이라고 하셨습니다. 영어 표현을 보면 "그의 중심이 내 중심을 닮았다"고 되어 있습니다. 하나님께서는 다윗의 무엇을 보시고 자신의 중심과 닮았다고 했을까요? 그가 쓴 시편들을 보면 그의 중심이 얼마나 하나님의 영에 감동되었던 사람인지 알 수 있습니다.

> 내가 여호와께 바라는 한 가지 일 그것을 구하리니 곧 내가 내 평생에 여호와의 집에 살면서 여호와의 아름다움을 바라보며 그의 성전에서 사모하는 그것이라 시 27:4

> 주의 궁정에서의 한 날이 다른 곳에서의 천 날보다 나은즉 악인의 장막에 사는 것보다 내 하나님의 성전 문지기로 있는 것이 좋사오니 시 84:10

그는 자신이 살아온 인생을 돌아보면서 자신을 이렇게 소개했습니다. "이새의 아들 다윗이 말함이여 높이 세워진 자, 야곱의 하나님으로부터 기름 부음을 받은 자, 이스라엘의 노래 잘 하는 자가 말하노라"(삼하 23:1). 예수님도 십자가에서 다윗이 쓴 시편을 인용하면서 마지막 유언을 하셨습니다. 그럼에도 불구하고 실제로 다윗은 어떤 죄를 지었습니까? 부인과 후궁들이 그렇게 많이 있었음에도 불구하고 자신을 위해서 전장에 나가 있던 충성된 부하의 아내를 겁탈하였습니다. 뿐만 아니라 그 사실을 감추기 위해 그를 전장의 가장 위험한 곳으로 보내어 전사하도록 부하에게 명령을 내려 자신의 숨은 뜻을 이루었습니다. 성경은 다윗의 그와 같은 음모와 죄까지도 모두 기록하고 있습니다. 그의 행위는 결코 하나님 앞에 의인으로서 인정받을 수 없는 악한 죄였습니다.

그 외에도 성경은 좋은 뜻과 동기를 가지고 있으면서도 하나님 말씀에 순종하지 못한 사람들, 또 하나님을 사랑하면서도 육신적으로는 죄를 지은 많은 사람들을 보여줍니다. 그러므로 육체로는 하나님 앞에 의로운 사람이 없기 때문에 하나님께서 그리스도를 통하여 "믿음으로써 의롭다 함을 얻는" 길을 열어 주셨습니다.

> 사람이 의롭게 되는 것은 율법의 행위로 말미암음이 아니요 오직 예수 그리스도를 믿음으로 말미암는 줄 알므로 우리도 그리스도 예수를 믿나니 이는 우리가 율법의 행위로써가 아니고 그리스도를

> 믿음으로써 의롭다 함을 얻으려 함이라 율법의 행위로써는 의롭다
> 함을 얻을 육체가 없느니라 　　　　　　　　　　갈 2:16

　여기서 하나 주의할 것은 **신실함**faithfulness과 **믿음**faith의 차이입니다. 믿음이 있는 사람은 당연히 신실할 수 있지만, 신실한 사람이라고 반드시 믿음이 있는 것은 아닙니다. 하나님 앞에서 의롭게 되는 것은 믿음이며, 믿음으로 의인이 된 후에도 "의인은 믿음으로 말미암아 살기" 때문에 신실함은 좋은 것이지만 그것으로 인해 의롭다거나 믿음이 있다고 인정받는 것은 아닙니다.

　그리스도인은 진리의 말씀을 믿고 주님께 신실한 사람들입니다. 거짓이나 부분적으로 왜곡된 진리를 참 진리인 줄로 믿는 신실한 사람들은, 동기는 순수했어도 여전히 성경이 말하는 "구원에 이르는 믿음"에는 이르지 못한 사람들일 뿐입니다. 거짓된 것, 우상, 인본주의, 잘못된 자기 생각에 충실한 이런 믿음과 신실함은 해적선과 구조선의 비유에서 분명하게 알 수 있습니다. 해적선을 탄 사람들의 신실함은 처음부터 해적 행위를 위한 것이며, 진리의 말씀인 복음에 헌신한다면 구조선을 탄 사람들처럼 그들의 신실함은 영혼 구원과 주님을 위한 것입니다. 예수 그리스도를 믿고 주님으로 섬김으로 그리스도의 몸의 지체로서 지역 교회에 신실한 것은 아름다운 일입

니다. 그러나 주님과의 관계는 처음부터 확실하지도 않고, 막연한 소망이나 두려움이나 인간적이고 육신적인 이유로 거듭나서 그리스도를 주님으로 섬기는 관계도 없이 소위 지역 교회에서 요구하는 "단체적인 교회생활"을 "개인의 신앙생활"로 여기며 나름대로 정한 가치와 대상에 "신실한 사람들"도 적지 않습니다. 그들은 "주일 성수", "십일조", "소그룹 참석", "특별 새벽기도회 참석"과 같은 교회에서 주도하는 수많은 행사와 프로그램에는 열심을 내며 섬기지만, 자신의 신앙생활은 기본도 되어 있지 않은 경우도 많습니다. 이런 사람들의 특징은 스스로도 구원의 확신이 없고, 복음을 전해서 불신자를 전도할 능력도 없고, 삶의 문제가 생겨도 스스로 성령으로 인도받으며 믿음으로 승리할 줄 모릅니다. 그래서 그리스도의 말씀에 대한 기본을 확실하게 배우는 것은 현실적으로 더욱 중요합니다.

행위의 법이 아니라 믿음의 법으로

내가 증언하노니 그들이 하나님께 열심이 있으나 올바른 지식을 따른 것이 아니니라 하나님의 의를 모르고 자기 의를 세우려고 힘써 하나님의 의에 복종하지 아니하였느니라   롬 10:2-3

그런즉 자랑할 데가 어디냐 있을 수가 없느니라 무슨 법으로냐
행위로냐 아니라 오직 믿음의 법으로니라 　　　　　롬 3:27

우리의 믿음은 "하나님에 대한 믿음"으로서, 하나님의 사랑 계획인 속량자, 구주가 되신 "예수 그리스도의 복음에 대한 믿음"입니다. 하나님께서 예수 그리스도의 죽음과 장사됨과 부활과 승천을 통해 우리를 위해 행하신 구원사역을 믿음으로, "예수를 주로 시인하고, 하나님께서 그를 죽은 자 가운데서 살리신 것을 마음에 믿고 입으로 고백하여" 구원을 받아 하나님의 자녀로 거듭납니다.

하나님의 자녀는 그리스도 안에 있는 자이기 때문에 아브라함의 복이 그들의 것입니다. 구약성경에는 창세기 12장부터 마지막 말라기까지 아브라함의 후손 가운데 믿음으로 순종한 야곱의 자손들이 받은 복과, 믿음이 없어 순종하지 않은 에서의 자손들의 결국도 기록되어 있습니다. 하나님의 자녀는 에서의 자손이 아니라 야곱의 자손으로 오신 그리스도를 통하여 아브라함의 복을 받은 사람들입니다. "아브라함과 다윗의 자손 예수 그리스도의 계보라"(마 1:1). 이제는 이방인들도 예수 그리스도로 말미암아 아브라함의 후손이 되어 아브라함의 복을 받게 되었습니다.

옛 언약에서 새 언약으로

그리스도께서는 장래 좋은 일의 대제사장으로 오사 손으로 짓지 아니한 것 곧 이 창조에 속하지 아니한 더 크고 온전한 장막으로 말미암아 염소와 송아지의 피로 하지 아니하고 **오직 자기의 피로 영원한 속죄를 이루사 단번에 성소에 들어가셨느니라** 염소와 황소의 피와 및 암송아지의 재를 부정한 자에게 뿌려 그 육체를 정결하게 하여 거룩하게 하거든 하물며 영원하신 성령으로 말미암아 흠 없는 자기를 하나님께 드린 **그리스도의 피가 어찌 너희 양심을 죽은 행실에서 깨끗하게 하고 살아 계신 하나님을 섬기게 하지 못하겠느냐** 이로 말미암아 그는 새 언약의 중보자시니 이는 첫 언약 때에 범한 죄에서 속량하려고 죽으사 부르심을 입은 자로 하여금 영원한 기업의 약속을 얻게 하려 하심이라 히 9:11-15

그러므로 형제들아 내가 하나님의 모든 자비하심으로 너희를 권하노니 **너희 몸을 하나님이 기뻐하시는 거룩한 산 제물로 드리라** 이는 너희가 드릴 영적 예배니라 롬 12:1

구약성경에는 모세를 통해 성막을 보여주시고, 다윗 왕 때에 성전을 지을 준비를 하고, 솔로몬 왕 때에 성전을 지은 이야기가 자세히 나와 있습니다. 성막과 성전을 짓는 목적은 무엇입니까? 일 년에 한 번, 7월 10일에 대제사장이 성막에 들어가서 자신과 이스라엘 백성이 지은 죄를 용서받기 위해 짐승의 피를 뿌리며 제사를 지냈습니다. 그것이 하나님께서 이스라엘 백성에게 주신 규례였습니다. 모세의 성막이나 솔로몬의 성전은 모두 사람의 손으로 지은 것입니다. 그런데 피조물이 아닌 "더 크고 온전한 장막"은 무엇을 말합니까? 그것은 하나님의 임재가 있는 곳, 하나님께서 만나주시겠다고 약속한 장소를 말합니다.

"오직 자기의 피로 영원한 속죄를 이루사 단번에 성소에 들어가셨느니라" 예수님께서 대제사장으로서 하나님과 새 언약을 맺기 위해 자신의 피를 가지고 하나님 앞에 가셨습니다. 그렇게 함으로써 "단번에once and for all" 즉 한 번이자 마지막으로 영원한 속죄를 이루셨습니다. 예수님께서 하늘 성소에서 자신의 피로 드린 단 한 번의 제사가 모든 구약의 제사를 끝냈습니다.

예수님의 구원사역의 과정은 네 단계로 정리할 수 있습니다. 예수님께서는 첫째, 십자가에서 죽으셨습니다. 둘째, 장사되셨습니다. 셋째, 부활하셨습니다. 넷째, 승천하셨습니다. 예수님께서는 죽으시고 부활하시기까지 삼 일 동안 죄인인 우리를 대신하여 지옥에 계셨습니다. 그리고 지옥 권세를 무장해제 시키고 승리하셨습니다. 마지막으로 그리스도의 피 즉 흠 없는 자신을 하나님께 드렸습니다. "그리스도의 피가 어찌 너희 양심을 죽은 행실에서 깨끗하게 하고 살아계신 하나님을 섬기게 하지 못하겠느냐" 예수님께서 자신의 피로 인간의 죽은 행실을 끝내셨습니다. "이로 말미암아 그는 새 언약의 중보자시니 이는 첫 언약 때에 범한 죄에서 속량하려고 죽으사 부르심을 입은 자로 하여금 영원한 기업의 약속을 얻게 하려 하심이라" 그로 인하여 부르심을 입은 우리는 하나님의 자녀가 되어 하나님의 기업을 물려받게 되었습니다. 새로운 언약은 오직 믿음으로만 구원을 받고 의롭다 함을 얻고 하나님의 축복 안에 들어가는 것입니다.

우리가 가지고 있는 의는 자신으로부터 비롯된 것이 아닙니다. 하나님께서 우리에게 주신 의입니다. 하나님께시 예수님을 통하여 우리를 의롭다 하시고 구원하신 것입니다. 우리의 구원은 예수님께서 십자가에서 죽으심으로써가 아니라, 하나님께서 예수님을 죽은 자 가운데서 살리심으로써 완성된 것입니다. 우리가 예수를 주로 시인하는 구원의 조건은 다름 아닌 그 사실을 믿고 입으로 시인하는 것입니다.

회개란 무엇인가?

드디어 우리는 죽은 행실들에서 자유롭게 되었습니다. 우리의 행실은 우리를 향한 하나님의 사랑을 감소시키거나 증가시키지 않습니다. 하나님 앞에서 우리를 더 의롭게 하거나 덜 의롭게 하지 않습니다. 하나님의 은총을 더하게 하거나 덜하게 하지 않습니다. 아무 효과가 없기 때문에 "죽은 행실dead works"이라고 하는 것입니다.

> 다 없앤 후 그 나라에 크게 흉년이 들어 그가 비로소 궁핍한지라 가서 그 나라 백성 중 한 사람에게 붙여 사니 그가 그를 들로 보내어 돼지를 치게 하였는데 그가 돼지 먹는 쥐엄 열매로 배를 채우고자 하되 주는 자가 없는지라 이에 스스로 돌이켜 이르되 내 아버지에게는 양식이 풍족한 품꾼이 얼마나 많은가 나는 여기서 주려 죽는구나
>
> 눅 15:14-17

인간은 영적인 존재이기 때문에 죄의 문제가 해결되지 않고 예수 그리스도의 하나님을 떠나서는 진정한 만족과 의미 있는 삶을 살 수 없습니다. 둘째 아들은 인생의 밑바닥을 경험하고 나서야

"이에 스스로 돌이켜" 아버지의 집을 향했다고 했습니다. 그는 거기까지 갈 필요가 없습니다. 가난에 시달리지 않아도 불치병에 걸리지 않아도 인간관계의 큰 어려움이 없어도, 사람은 누구나 다른 사람의 고통이나 죽음을 바라보면서 혹은 인생의 방황과 허무함 속에서 얼마든지 회개할 기회가 있습니다. 회개는 '스스로 돌이키는 것' '생각을 바꾸는 것' 입니다. 둘째 아들은 생각을 바꾸고 이렇게 말했습니다. "내 아버지에게는 양식이 풍족한 품꾼이 얼마나 많은가" 영혼 구원의 가장 아름다운 비밀은 바로 이것입니다.

고통 속에서 둘째 아들은 한 가지 사실을 떠올렸습니다. 아버지에게는 양식이 풍부할 뿐만 아니라 종들도 양식은 풍부하다는 사실입니다. 주인 아들에 비하면 종의 신분은 얼마나 가엾고 비참합니까! 그런데 이제 자신은 종들이 먹는 밥은커녕 돼지가 먹는 열매를 먹어야 할 신세입니다. 그때 그는 아버지의 집을 생각했습니다. 집으로 돌아가는 것입니다. 회개metanoeo는 '마음의 변화', '생각을 바꾸어 어떤 것으로부터 돌아서는 것' 을 뜻합니다. 회개는 후회나 회한의 감정이 아니라 선택과 결단입니다. "여기서 굶어 죽을 것인가, 아버지께로 가서 살 것인가" 삶에서 가장 중요한 일은 바른 선택을 하는 것입니다. 그는 일어나 아버지께로 돌아갔습니다. 아버지는 그를 환영하고 자녀의 신분을 회복시켜 주었습니다.

죽은 행실에서 회개한다는 것은 무슨 뜻입니까? 선한 행위로 하나님 앞에서 옳다고 인정받고자 하는 자신의 노력을 포기하고 "하나님의 옳다하심"인 그리스도의 의를 받아들이기로 선택하는 것입니다.

> 너희가 아는 바와 같이 그가 그 후에 축복을 이어받으려고 눈물을 흘리며 구하되 버린 바가 되어 회개할 기회를 얻지 못하였느니라
>
> 히 12:17

에서는 후회하였지만 회개하지는 않았습니다. 야곱은 에서를 대신해서 아버지 이삭에게 장자의 축복기도를 받았습니다. 에서는 나중에 이를 알고 아버지에게 자신에게도 축복기도를 해달라고 했습니다. 그것은 믿음으로 한 행동이 아니었습니다. 아버지는 축복기도 대신 좋지 않은 내용을 예언했습니다. 에서가 그것을 듣고 심히 울었다고 했습니다. 그것은 후회이지 회개는 아닙니다. 울기 전이나 울고 난 후에나, 그 기도를 받기 전이나 받은 후에나, 에서는 여전히 하나님에 대한 믿음이 없는 사람이었습니다. 여전히

하나님의 일과 영적인 일에는 관심이 없었습니다. 사냥을 좋아하고 고기를 좋아하고 먹는 것을 좋아하는 사람이었습니다. 이삭도 고기를 좋아했습니다. 맛있는 음식을 먹고 축복해 주겠다고 해서 야곱이 어머니와 함께 음식을 준비해서 이삭을 대접하고 축복기도를 받았습니다. 흥미롭게도 성경 말씀은 이렇게 경고합니다. "너는 술을 많이 마시는 사람이나 고기를 탐하는 사람과는 어울리지 말아라"(잠 23:20).

사울의 경우도 한 번 살펴보겠습니다. 그는 사무엘 선지자로부터 잘못을 질책 당했을 때 하나님과 하나님의 종의 말씀에 순종하거나 회개하는 대신 이렇게 말했습니다.

> 사울이 이르되 **내가 범죄하였을지라도 이제 청하옵나니 내 백성의 장로들 앞과 이스라엘 앞에서 나를 높이사 나와 함께 돌아가서 내가 당신의 하나님 여호와께 경배하게 하소서** 하더라
>
> 삼상 15:30

질책을 받고서 그는 반성은커녕 오히려 자기가 영향력을 행사하는 사람들 앞에서 자신을 높여 달라고 말했습니다. 사람들이 자신을 어떻게 생각할지에만 관심이 있었습니다. 그가 드린 경배는

하나님께 중심으로 드린 것이 아니라, 사람들에게 인정을 받고 자신의 권위를 지키고자 자신을 경배하는 것과 다름이 없었습니다. 행동은 했지만 마음을 돌이키는 과정은 없었습니다. 그러므로 사울의 행동은 회개라고 할 수 없는 것이었습니다.

새로운 피조물의 계시에서 왜 회개를 좀 더 강조해서 가르치지 않느냐고 의문을 갖는 분들이 있습니다. 회개를 강조하기 위해서는 먼저 죄를 강조해야 하는 것에 주의해야 합니다. "당신은 이런 죄를 저질렀군요. 그 죄를 회개하십시오." 굳이 다른 사람이 죄를 지적하지 않아도, 죄를 지은 사람은 스스로 알고 있습니다. 예수를 믿고 거듭난 사람은 그의 안에 계신 성령께서 죄에 대해 책망하시기 때문입니다. 그러므로 우리가 할 일은 즉시 회개하는 것입니다. "하나님, 제가 잘못했습니다. 다시는 그러지 않겠습니다." 회개는 이렇게 쉽고 간단합니다. 다른 사람에게 용서를 구해야 할 잘못한 행위가 아니라면, 하나님께 회개하는 것은 이렇게 각자 혼자서 하는 것으로 충분합니다. 말씀을 듣고 돌이키는 것이 회개이므로, 주일 예배 시간에 반복해서 한 주간 지은 모든 죄를 회개하라고 할 이유가 없는 것입니다. 오히려 날마다 성경을 읽으며 그 말씀이 자신을 판단하게 하도록 기회를 드려야 합니다. 의식이 깨어있는 순간순간 성령님의 음성을 듣기 위해 자신의 생각을 내려놓아야 합니다. 성령님의 음성을 듣고 잘못된 생각이나 태도를 "바꾸어 하나님의 말씀"에 복종시켜야 합니다. 그렇게 선택하며 말하며 행동하는 끊임없는 회개는 항상 있어야 합니다.

> 네가 만일 네 입으로 예수를 주로 시인하며 또 하나님께서 그를 죽은 자 가운데서 살리신 것을 네 마음에 믿으면 구원을 받으리라 사람이 마음으로 믿어 의에 이르고 입으로 시인하여 구원에 이르느니라
> 롬 10:9-10

내가 죄인이기 때문에 심판 받아 죽어야 하는 그 자리에 주님께서 대신하셨습니다. 이것을 시인하는 것은 이미 자신의 죄를 인정하는 것입니다. 그러므로 그 고백이 곧 회개입니다. 생각을 바꿔 자신이 죄인임을 말씀대로 인정하고 지기 스스로를 옳게 여기던 "자기 의"에서 돌이켜 "하나님의 의"인 예수 그리스도를 받아들이고 자신의 주님으로 선택한 것입니다. 하나님께서 구약성경의 말씀과 십계명을 구구절절 인용하시면서 "네가 이런 죄를 지었느냐? 모세와 같은 죄를 지었느냐? 에서와 같은 죄를 지었느냐? 야곱과 같은 죄를 지었느냐?"라고 꾸짖으실까요? 아니면 기억에 남아 있는 어렸을 때 지은 죄로부터 최근에 지은 생각나는 모든 죄를 낱낱이

시인하고 "눈물 콧물을 흘리며" 용서를 구하는 회개를 해야 용서받을 수 있을까요? 성경은 그런 조건을 요구하지 않습니다.

> 우리가 죄가 없다고 말하면, 우리는 자기를 속이는 것이요, 진리가 우리 속에 없는 것입니다. 우리가 우리 죄를 자백하면, 하나님은 신실하시고 의로우신 분이셔서, 우리 죄를 용서하시고, 모든 불의에서 우리를 깨끗하게 해주실 것입니다.　　요일 1:8-9, 새번역

집을 떠났던 둘째 아들이 돌아왔을 때 아버지가 그를 어떻게 맞이했습니까? 아들이 준비한 말을 하기도 전에 아버지는 멀리서 아들을 알아보고 달려가 아들을 껴안았습니다. 아들이 마음을 돌이켜 집으로 돌아온 행동이 이미 회개였습니다. 아들이 물려받은 유산을 다 잃었든 그렇지 않든 아버지에게는 중요하지 않습니다. 아버지에게는 잃었던 아들을 다시 얻었다는 사실 한 가지만이 중요했습니다. 주님께서는 우리를 얻기 위해서 자신의 피로 값을 지불하셨습니다. 예수의 피에는 모든 인류의 죄값이 다 포함되어 있었습니다. 죄인은 예수와 함께 십자가에 못 박혀 죽었습니다. 예수의 죽음으로 인해 죄인이었던 옛사람은 죽었습니다. 그가 아무도 모르게 비밀로 간직하고 있던 죄가 있다고 해도 그것까지도 모두

끝이 났습니다. 죽은 행실로부터의 회개는 이토록 간단합니다. 그러므로 구원받기 위해서 죄를 조목조목 언급하고 고백할 필요가 없습니다.

인생을 돌아보며 과거의 죄까지 낱낱이 다 고백하고 회개하지 않으면 구원받지 못한다거나 심지어는 회개하지 않은 죄나 말씀대로 살지 못한 죄로 인하여 그리스도인이 지옥에 갈 수도 있다고 두려움을 심어 주는 것은 "의의 말씀"을 경험하지 못하고 그리스도의 도의 기본을 정확히 모르는 사람들을 상대로 율법주의의 종교생활을 강요하는 것일 뿐입니다. 주님께서 복음으로 자유롭게 한 성도를 다시 율법의 종으로 만들어 죄책감을 주어서 주일 예배 참석을 독려하거나, 특별 새벽기도에 동원하거나, 각종 헌금을 독려하는 것은 아무리 그 명분이 좋고 결과가 좋더라도, 분명 지도자들이 나쁜 동기로 자신의 목적을 이루기 위해 권세와 직분을 남용하는 것입니다. 하나님은 이런 것들을 간과하지 않을 것입니다. 그래서 바울은 갈라디아 교회에서 일어난 이런 문제를 확실하게 해결해 주려고 갈라디아 교회에 편지를 썼습니다.

그러므로 하나님을 모르고 어둠 가운데 살았던 "죄인으로서의 삶"을 깨닫고 예수를 그리스도와 주님으로 마음에 모셔 들이는 "영접 기도"야말로 우리가 해야 할 가장 위대한 "회개기도"입니다.

이렇게 어둠에서 빛이 된 사람은 그리스도의 영과 하나가 된 거듭난 영적 존재로서 이제부터는 말씀과 성령의 교제를 통하여 빛 가운데 살아갈 수 있습니다. 그리스도인의 사귐은 하나님 아버지와 그의 아들 예수 그리스도와 함께 하는 사귐입니다.

> 그가 빛 가운데 계신 것 같이 우리도 빛 가운데 행하면 우리가 서로 사귐이 있고 그 아들 예수의 피가 우리를 모든 죄에서 깨끗하게 하실 것이요 만일 우리가 죄가 없다고 말하면 스스로 속이고 또 진리가 우리 속에 있지 아니할 것이요 만일 우리가 우리 죄를 자백하면 그는 미쁘시고 의로우사 우리 죄를 사하시며 우리를 모든 불의에서 깨끗하게 하실 것이요   요일 1:7-9

빛이신 하나님과 사귐이 있는 사람은 그 빛 가운데 사는 동안 "그 아들 예수의 피가 우리를 모든 죄에서 깨끗하게 하실 것"이라고 약속하였습니다. 마치 결혼한 부부가 매일 결혼서약을 기억하거나 사랑을 고백하지 않아도 아내와 남편이라는 신분으로 살아가듯이, 그리스도인은 이제는 더 이상 죄인이 아니라 의인이며 하나님의 자녀라는 신분으로 살아갑니다.

누가복음 15장의 비유도 아들의 회개보다는 아버지의 선하심과 회개한 이후에 감사와 감격으로 살았을 둘째 아들의 은혜를 보여주고 있습니다. 이와는 대조적으로 집을 떠난 적은 없지만 아버지의 사랑과 용서를 이해하지 못하고, 아버지와 자신의 관계를 오직 율법적인 행위의 관점에서 보며 동생을 환영하는 아버지께 화를 내었던 맏아들의 이야기를 자세히 기록하였습니다. '내 아버지에게는 양식이 풍족한 품꾼이 얼마나 많은가' 하며 막다른 곳에서 아들이 마음을 돌이키게 한 것은 삶의 고통 자체만이 아니라 아버지의 집에 있는 풍성한 양식이었음을 주의하십시오.

> 혹 네가 하나님의 인자하심이 너를 인도하여 회개하게 하심the goodness of God leadeth thee to repentance을 알지 못하여 그의 인자하심과 용납하심과 길이 참으심이 풍성함을 멸시하느냐   롬 2:4

그러나 사실 아들은 아버지의 사랑과 뜻을 다 알지 못했습니다. 그는 용서를 구하면 아버지의 종이 되어 배불리 먹을 수 있으리라는 기대로 집으로 돌아갔습니다. 아버지는 그에게 반지를 끼워주고 가장 좋은 옷을 입혀주고 종이 아닌 아들로 대해 주었습니다.

이제 그는 더 이상 "용서 받은 죄인"으로 살아갈 필요가 없습니다. 그는 죄의 종으로 살다가 아버지께로 돌아와서 이제는 아버지

집의 종이 아니라 아들로서 살게 되었습니다. 신분과 권세를 나타내는 반지와 가장 좋은 옷을 입었습니다. 이는 "무화과 잎"으로 옷을 만들어 입었던 타락한 아담과 하와에게 "가죽 옷을 지어 입히신" 하나님의 구원 계획을 따라 우리가 입게 된 "그리스도의 옷"입니다. 그러므로 우리는 옛 사람을 벗어 버리고, 즉 기억하거나 의식하지 말고, 그리스도 안에서 새 사람으로 옷 입는 일, 즉 그리스도 안에서 자녀가 되고 의인이 된 자신을 의식해야 합니다.

> 너희는 유혹의 욕심을 따라 썩어져 가는 구습을 따르는 옛 사람을 벗어 버리고 오직 너희의 심령이 새롭게 되어 하나님을 따라 의와 진리의 거룩함으로 지으심을 받은 새 사람을 입으라 엡 4:22-24

하나님의 사랑은 예수 그리스도를 통하여 우리에게 나타났습니다. 하나님의 선하심과 인자하심이 우리를 회개에 이르게 합니다. 우리가 이 복음을 듣고 예수를 믿기로 선택할 때 예수님의 의로운 행위로 인해 우리는 하나님 앞에서 의로운 새로운 피조물이 되어 의로운 행위를 할 수 있는 사람이 되었습니다.

3장

하나님께 대한 믿음

이와 같이 그리스도도 많은 사람의 죄를 담당하시려고 단번에 드리신 바 되셨고 구원에 이르게 하기 위하여 죄와 상관없이 자기를 바라는 자들에게 두 번째 나타나시리라 히 9:28

예수님께서 자신의 피로 하나님께 제사를 드림으로써 우리의 모든 죄의 문제를 영원히 단번에 해결하셨습니다. 세상 죄를 지고 가신 어린 양이신 예수님의 피로 우리를 깨끗하게 하셨다는 이 복음을 믿는 자에게 하나님은 그분의 자녀가 되는 권세를 주셨습니다.

그러나 바울이 갈라디아에 복음을 전한 후에 나타난 어떤 유대인들은 구약성경을 근거로 그리스도인도 반드시 할례를 받아야 구원을 받는다고 가르쳤습니다. 갈라디아의 거듭난 지 얼마 되지 않은 신자들은 바울의 말보다 유대인들의 말에 설득을 당했습니다. 바울이 그 소식을 듣고 깜짝 놀라서 그들을 깨우쳐 주려고 갈라디아 교회에 편지를 쓴 것이 갈라디아서입니다.

바울이 "어리석은 갈라디아 사람들아Foolish Galathians"라고 한 것도 이 때문입니다. 바울은 또 "너희가 성령을 받은 것이 율법의 행위로냐 듣고 믿음으로냐"(갈 3:2)라고 물었습니다. 능력을 행하는 것도 개인의 경건이나 노력의 결과가 아니라, 오직 복음을 듣고 믿었기 때문이라고 말했습니다. "너희에게 성령을 주시고 너희 가운데서 능력을 행하시는 이의 일이 율법의 행위에서냐 혹은 듣고 믿음에서냐"(갈 3:5).

거듭난 사람은 말씀을 듣고 믿었을 뿐 아니라 성령을 받았기 때문에 말씀대로 믿고 성령의 능력으로 기도하며 나아갈 때 무엇이든지 할 수 있습니다. 그것은 우리가 율법을 지키거나 자신의 힘과 능력을 가지고 할 수 있는 일이 아닙니다. "그리스도께서 우리를 위하여 저주를 받은 바 되사 율법의 저주에서 우리를 속량하셨으니 기록된 바 나무에 달린 자마다 저주 아래에 있는 자라 하였음이라"(갈 3:13). 예수님께서 구약에 있는 모든 율법의 저주, 즉 죄인이 받아야 하는 벌을 감당하려고 십자가에 달려 죽으셨습니다. 우리는 그리스도 예수 안에서 거듭나서 그리스도의 몸의 지체가 되었습니다. 우리의 몸은 하나님의 영, 그리스도의 영이 사시는 성전이 되었습니다. 이제 지상에서 그리스도는 그리스도인들 안에 계십니다.

또한 모든 사람들은 그리스도 안에서 아브라함의 복을 받습니다. 아브라함의 복이 할례 받지 않은 이방인에게 미치게 되었습니다. 구약에서 아브라함의 복은 어떤 계보로 이어졌습니까? 아브라함으로부터 이스마엘이 아닌 이삭에게로, 다시 에서가 아닌 야곱에게로, 야곱의 열두 지파 가운데 유다에게로 이어졌습니다. 그리고 예수님은 유다의 후손으로 오셨습니다. 예수님이 오시기 전까지는 하나님께서 약속하신 복은 아브라함의 씨, 즉 아브라함의 후손을 위한 것이었습니다. 하나님이 주신 복의 관점으로 본다면 구약성경은 아브라함이 받은 복을 수천 년 동안 추적해서 기록한 책입니다. 구약성경을 한마디로 요약하면 "에서의 지주"가 아니라 "아브라함의 복"에 관한 책이라고 할 수 있습니다. 물론 이스마엘에게도 자손이 있었고 에서에게도 자손이 있었습니다. 그러나 그들은 아브라함의 씨로 인정받지 못했고 복의 유산도 받지 못했기 때문에 성경에 자세히 기록되지 않았습니다. 신구약성경은 아브라함의 복이 예수 그리스도를 통해서 어떻게 이방인들에게도 임했는지를 기록하기 위해 필요한 것입니다.

신약성경의 첫 번째 책인 마태복음 1장에 나타난 예수 그리스도의 족보는, 육신적으로 아브라함의 후손이 아닌 이방인이 어떻게 예수 그리스도로 말미암아 아브라함의 후손이 되어 아브라함의 복을 함께 받게 되었는지를 보여줍니다. 율법을 행해서가 아니라 예수 그리스도를 믿음으로써 누구나 아브라함의 복을 받게 되었습니다. 행위가 아니라 믿음이 조건이라는 것은 매우 중요합니다. 믿음은 입으로 말하게 하고 행동하게 합니다. 다시 말해 우리는 믿는 대로 말하고, 믿는 대로 행동합니다. "믿음으로 말미암아 성령의 약속을 받게 하려 함이라" 새로운 약속은 믿음만이 단 한 가지 조건입니다.

> 너희는 그 은혜에 의하여 믿음으로 말미암아 구원을 받았으니 이것은 너희에게서 난 것이 아니요 하나님의 선물이라 행위에서 난 것이 아니니 이는 누구든지 자랑하지 못하게 함이라   엡 2:8-9

우리는 주님의 은혜에 의하여 믿음으로 말미암아 구원을 받았습니다. 주님이 행하셨기 때문에 우리가 구원받기 위해서 할 수 있는 행실이 없고, 오직 그분의 은혜를 믿음으로 하나님의 선물인 구원을 받습니다. 훌륭하기 때문에 상을 받은 것이 아니고 일을 해서

품삯을 받은 것도 아닙니다. 선물로 받았으니 우리는 자랑할 것이 없습니다. 다만 이렇게 말할 수 있을 뿐입니다. "나는 이러한 선물을 받을 만큼 하나님께 사랑받는 사람이구나!"

믿음은 전능하시고 신실하신 하나님의 말씀으로 보증하신 것을 확신하는 것이다

만약 당신이 어떤 땅을 가지고 있다고 가정해봅시다. 그 땅이 당신 것이라는 증거가 어디에 있습니까? 법원의 등기문서에 소유주가 명시되어 있습니다. 그 땅이 당신에게 속했음을 법으로 보장하는 것입니다. 누군가가 당신의 땅을 자기의 것이라고 주장해도 등기문서가 있다면 당신이 주인인 사실에는 변함이 없습니다. 하나님께서 우리에게 주신 치유와 부요를 비롯한 모든 구원의 선물은 나의 믿음을 권리증서로 내 것이라고 주장할 수 있습니다. 하나님께는 미래와 과거와 현재의 구분이 없습니다. 하나님께서 나에게 주신 것을 내가 분명히 알고 그것에 대해 믿음을 가지고 있으면 때가 되었을 때 약속하신 것을 소유할 수 있습니다. 이것이 믿음입니다. 우리는 환경을 뛰어넘는 초자연적인 영의 세계에 속한 것들을 가지고 있습니다. 하나님께서 "바울이나 아볼로나 게바나 세계나 생명이나 사망이나 지금 것이나 장래 것이나 다 너희의 것이요"(고전 3:22)라고 하셨습니다. 우리가 믿음으로 영의 세계에서 먼저 취해서 소유하는 것입니다. 그것은 때가 되면 현실 세계에서 나타납니다.

이것을 가장 잘 설명해 주는 것이 아브라함이 드린 제사입니다. 아브라함이 이삭을 제물로 드리려고 모리아 산을 올라갈 때 하나님은 이미 양 한 마리를 준비해 두셨습니다. 하나님은 아브라함의 믿음을 마지막까지 테스트하셨고 아브라함은 테스트를 통과했습니다. 하나님께서는 아브라함이 이삭을 죽이지 못하게 막으셨고 아브라함은 덤불에 걸린 한 양을 잡아 이삭을 대신하여 번제를 드렸습니다. 그 상황을 한번 상상해보십시오. 아브라함이 이쪽 길로 산을 오를 때 양 한 마리가 저쪽 길로 올라갔을 것입니다. 아브라함은 산을 오르며 양을 보지 못했지만 하나님은 양쪽을 모두 보고 계셨습니다. 하나님께서는 아브라함의 속마음도 이삭의 속마음도 다 보고 계셨습니다. 뿐만 아니라 아무것도 모르는 양 한 마리는 자꾸만 그 산 정상으로 올라가고 싶어지는 것입니다.

성경을 읽으면 이런 것을 볼 수 있는 믿음을 갖게 됩니다. "하나님께서 나를 이렇게 사랑하시는구나, 하나님께서 이 일을 위해 나를 부르셨구나. 하나님께서 이것도 예비해 주셨구나!"라고 알게 됩니다. "이 일을 할 수 있도록 이런 사람, 이런 재물, 이런 기회를 주시는구나!" 이런 것들은 영의 세계에서 먼저 보고 믿음으로 취하는 것입니다. 믿음은 땅을 보여주는 것이 아니라, 영의 세계에서 하나님께서 내게 주신 그 땅을 내가 이미 소유한 것을 믿습니다.

믿음은 이성의 지적인 동의가 아니다

믿음은 소망이 아닙니다. 믿음은 지금 소유하고 있는 것이고, 소망은 미래에 언젠가 소유하게 될 것이라고 바라고 기대하는 것입니다. 믿음은 하나님의 말씀에 계시된 영원한 진리에 근거하여 우리 안에 있는 확실한 실재입니다. 믿음은 하나님이 다 이루셨다는 것과 그것은 그리스도 안에서 내게 주신 것이므로 내 것인 것을 알고 내가 믿음으로 그것을 소유하는 것입니다.

믿음의 고백은 사실을 부인하는 것이 아니라, 진리의 말씀에 일치하도록 사실을 변화시키는 것입니다. 믿음은 영의 진리를 입으로 말하고 행동하는 삶의 방식입니다. 사람의 생각은 말과 행동의 표현을 통해 나타나므로 한 사람의 믿음은 그의 말과 행동을 보면 알 수 있습니다. "고백homologia"은 "동의한다"는 뜻으로서, '호모homo'는 '같다'는 뜻이고 '로기아logia'는 '말'이라는 뜻입니다. 그러므로 "하나님께서 말씀하신 그대로 말하는 것, 하나님 말씀과 같은 말을 하는 것"이 고백입니다.

하나님의 말씀은 그리스도 예수 안에 있는 이 복음을 가리킵니다. 신약성경을 통해서 사도 바울이 우리에게 전해 주고 있는 이 복음, 로마서와 에베소서에서 집중적으로 전하고 있는 복음입니다. 신약성경은 이 복음을 가리켜 여러 가지로 표현하고 있습니다.

하나님의 말씀만이 진리이므로 주님의 말씀처럼 "아버지의 말씀은 진리"입니다. 우리에게 전파된 이 복음은 예수 그리스도의 속량으로 말미암아 그의 은혜로 인하여 믿음으로 구원을 받는 "은혜의 말씀"입니다. 이는 또한 믿는 자가 전파하는 "믿음의 말씀"이며, 믿는 자에게 구원을 주는 "생명의 말씀"입니다. 그리스도인은 이 "진리의 말씀"으로 자신의 마음을 새롭게 함으로써 마침내 그리스도 안에서 자유로운 자로 살 수 있게 됩니다.

믿음은 하나님의 말씀에 대한 영의 반응이다

그러므로 믿음은 설득하고 설명한다고 생기는 것이 아닙니다. 전자제품의 사용설명서를 아무리 열심히 읽어도 플러그를 꽂지 않고서는 소용이 없는 것처럼 거듭나지 않은 사람과 논쟁을 통해서 설득하는 것은 매우 어렵습니다. 처음에는 함께 교제하면서 그 사람의 이야기를 잘 들어 주며 그가 가지고 있는 문제를 하나님의 말씀의 거울에 비추어 진단할 수 있도록 기도하십시오. 동시에 그 사람의 영혼을 위해 기도하십시오. 믿지 않는 사람을 위한 성도의 중보기도는 복음을 듣는 사람의 마음이 열리도록 하고, 그 심령에 갈급함이 생기도록 합니다. 하나님의 성령이 사전에 역사함으로 인하여 그의 상황이 바뀌고 생각이 바뀌어서 말씀에 대해 관심을 갖게 됩니다. 이때 하나님의 말씀을 들으면 그는 성령이 역사로 말씀에 긍정적인 반응을 하게 됩니다. 이때 가장 먼저 할 일은 복음을 전하는 것입니다. 그가 스스로 예수님을 구원자와 주님으로 영접하고 성령을 받고 방언을 하도록 도와주어야 합니다. 그 다음에는 말씀만 계속해서 공급해주면 그의 믿음은 성장합니다. 거듭난 영에는 말씀이 능력으로 역사하기 때문입니다.

기록된 바 내가 믿었으므로 말하였다 한 것 같이 우리가 같은 믿음의 마음(영)을 가졌으니 우리도 믿었으므로 또한 말하노라

고후 4:13

• 진리의 말씀

하나님의 모든 말씀은 진리입니다. 그러나 모든 말씀이 다 오늘날 그리스도인에게 하신 말씀은 아닙니다. 예수 그리스도가 진리이며, 성경은 예수 그리스도에 대하여 증거하는 책입니다. 그리스도인이 그리스도 안에서 자신이 어떤 존재이며 어떠한 삶을 살 수 있는지 신약성경에 계시된 지식은 그리스도인으로 살아가는 데 필요한 가장 기본적인 진리입니다. 사도행전은 복음서를 통해 계시된 예수 그리스도의 복음과 하나님 아버지를 알고, 하나님의 생명과 하나님의 영으로 충만한 성도들이 복음의 진리대로 사는 모습을 보여 주고 있습니다. 그리고 성도들이 교회라는 그리스도의 몸의 지체로서, 그리스도의 대사로서 삶의 현장에서 살아가는 데 필요한 가르침과 코칭이 서신서입니다. 그러므로 그리스도인은 그리스도 안에 거하며 그분의 말씀이 자신 안에 머물도록 하므로 진리를 아는 제자가 되고 진리 안에서

진정한 자유를 누리며 복음서에서 보는 예수님처럼 진리의 말씀을 따라 살 수 있습니다.

예수께서 이르시되 내가 곧 길이요 **진리**요 생명이니 나로 말미암지 않고는 아버지께로 올 자가 없느니라   요 14:6

너희가 내 말에 거하면 참으로 내 제자가 되고 **진리**를 알지니 **진리**가 너희를 자유롭게 하리라   요 8:31-32

그 안에서 너희도 **진리의 말씀** 곧 너희의 구원의 복음을 듣고 그 안에서 또한 믿어 약속의 성령으로 인치심을 받았으니   엡 1:13

그가 그 피조물 중에 우리로 한 첫 열매가 되게 하시려고 자기의 뜻을 따라 **진리의 말씀**으로 우리를 낳으셨느니라   약 1:18

너는 **진리의 말씀**을 옳게 분별하며 부끄러울 것이 없는 일꾼으로 인정된 자로 자신을 하나님 앞에 드리기를 힘쓰라   딤후 2:15

• 은혜의 말씀

지금 내가 여러분을 주와 및 그 **은혜의 말씀**에 부탁하노니 그 말씀이 여러분을 능히 든든히 세우사 거룩하게 하심을 입은 모든 자 가운데 기업이 있게 하시리라   행 20:32

두 사도가 오래 있어 주를 힘입어 담대히 말하니 주께서 그들의 손으로 표적과 기사를 행하게 하여 주사 자기 **은혜의 말씀**을 증언하시니   행 14:3

그리스도인이 기대하는 만큼 열매가 열리지 않을 때 왜 이렇게 하지 않느냐고 말하거나 판단하게 되면 율법적이 됩니다. 오직 그리스도께서 우리를 위해서 얼마나 완벽한 구원을 이루셨는지, 그 구원의 결과 그리스도 안에 있는 자는 어떤 자이며, 무엇을 기업으로 받았으며, 그러므로 어떻게 살 수 있는 능력을 받았는지를 지속적으로 증거해야 합니다. 젖을 꾸준히 먹는 아이는 반드시 스스로 일어나 걷는 날이 오게 되어 있듯이 행동을 요구하지 말고 먼저 은혜의 말씀을 듣게 해야 합니다. 은혜의 말씀을 듣고 믿음으로 반응함으로써 성도는 성장하여 열매를 맺게 됩니다.

• 믿음의 말씀

그러면 무엇을 말하느냐 말씀이 네게 가까워 네 입에 있으며 네 마음에 있다 하였으니 곧 우리가 전파하는 **믿음의 말씀**이라

롬 10:8

네가 이것으로 형제를 깨우치면 그리스도 예수의 좋은 일꾼이 되어 **믿음의 말씀**과 네가 따르는 좋은 교훈으로 양육을 받으리라

딤전 4:6

    은혜의 말씀은 믿음으로 취할 수 있으므로 마치 요리한 음식을 먹는 것처럼 자연스럽고 쉬운 것입니다. 그리스도를 통하여 하나님께서 다 이루신 것들의 유익을 알게 될 뿐만 아니라 믿는 자에게 주시는 은혜란 것을 알게 되면, 믿음은 저절로 생깁니다. 믿음은 들음에서 나며 들음은 그리스도의 말씀으로 말미암기 때문입니다. 하나님의 말씀이라고 하지 않고 "그리스도의 말씀"이라고 한 것은 하나님의 사랑이 그리스도의 삶과 구원하시는 일을 통하여 우리에게 "은혜"의 선물이 된 것을 증거하기 때문입니다.

    성경 전체는 믿음의 조상 아브라함에서부터 사도들에 이르기

까지, 어떻게 믿음으로 의롭게 되고 믿음으로 살 수 있었는지 수많은 믿음의 영웅들의 삶을 보여주고 있습니다. 특별히 히브리서 11장은 믿음으로 산 사람들을 보여 주고 있습니다. 특별히 3절에서 "믿음으로 모든 세계가 하나님의 말씀으로 지어졌다"고 할 때 여기서 "세계"는 우주와 세상을 가리키는 "kosmos" 대신에 "aion"을 사용함으로써, 각 사람은 자신의 삶이라는 "세대"를 만들어 갈 수 있는 존재임을 분명히 했습니다. 그래서 구약성경을 중심으로 믿음으로 "자신의 삶, 세대"를 살았던 사람들을 열거하였습니다.

- **생명의 말씀**

이 **생명의 말씀**을 다 백성에게 말하라 행 5:20

생명의 말씀을 밝혀 나의 달음질이 헛되지 아니하고 수고도 헛되지 아니함으로 그리스도의 날에 내가 자랑할 것이 있게 하려 함이라 빌 2:16

태초부터 있는 **생명의 말씀**에 관하여는 우리가 들은 바요 눈으로 본 바요 자세히 보고 우리의 손으로 만진 바라 요일 1:1

> 그의 신기한 능력으로 **생명**과 경건에 속한 모든 것을 우리에게 주셨으니 이는 자기의 영광과 덕으로써 우리를 부르신 이를 앎으로 말미암음이라
> 벧후 1:3

하나님의 아들 예수 그리스도를 주와 그리스도로 영접하여 그리스도를 모시고 사는 사람에게는 생명이 있습니다. 가장 중요한 것은 그리스도인은 하나님이 그의 말씀으로 낳은 자가 되었다는 것입니다. 그러므로 그리스도인은 하나님의 생명을 가지고 있습니다.

『새로운 피조물』 전도지에서는 검은 사람과 노란 사람의 그림을 통해서 하나님의 생명이 없는 자와 있는 자를 색깔로 구분하여 알기 쉽게 표현하였습니다. 거듭나기 전에 하나님의 생명이 없는 사람은 검은색이고, 거듭나서 하나님의 생명이 있는 사람은 노란색으로 표현하였습니다.

착한 일을 많이 하고, 예배에 참석하며 기도하고, 열심히 이웃과 교회를 섬겼어도 영접하지 않았다면 하나님의 생명이 없는 사람입니다. 영접하고 영생이 있음에도 불구하고 변화가 없었다면 말씀을 모르고 말씀을 믿는 고백을 하지 않았기 때문일 것입니다. 자신이 누구인지 어떤 권리가 있는지 무엇을 받았는지 알지

못하기 때문일 가능성이 많습니다. 은행 계좌에 자기 앞으로 돈이 많이 있는데도 이 사실을 모르거나 카드를 사용해서 그 돈을 쓸 줄 모르는 사람과 같습니다.

4장

침례들

　침례Baptism의 어원은 "밥티조baptizo"인데 '무엇을 어떤 것에 담갔다가 꺼내다' 라는 뜻입니다. 그러므로 엄밀히 말하면 물을 뿌리거나 붓는 정도는 침례라고 할 수 없습니다. 한자어를 살펴보아도 "침례浸禮"에는 '담글 침浸' 이 사용됩니다. "세례洗禮"라는 표현은 '씻을 세洗', 곧 죄를 씻는다는 의미이므로 구약이 개념입니다. 죄를 씻는다는 것은 죄인의 근본적인 변화는 없이 더러움을 씻어내는 개념입니다. 결국 율법 아래서 의인이 될 수 없는 소위 "용서받은 죄인"의 그림이 숨겨져 있습니다. 그러므로 세례라는 단어로는 새로운 피조물을 효과적으로 설명할 수 없습니다. 한국 교회는 전통적으로 세례라는 말을 써왔기 때문에 여전히 그냥 사용하고 있으나, 최근의 개역개정판 성경은 세례라는 단어에 주석을 달아서 '침례라고도 할 수 있음' 이라고 적어 놓았습니다.

요한의 침례

침례 요한이 광야에 이르러 죄 사함을 받게 하는 회개의 침례를 전파하니   막 1:4

아볼로가 고린도에 있을 때에 바울이 윗지방으로 다녀 에베소에 와서 어떤 제자들을 만나 이르되 너희가 믿을 때에 성령을 받았느냐 이르되 아니라 우리는 성령이 계심도 듣지 못하였노라 바울이 이르되 그러면 너희가 무슨 침례를 받았느냐 대답하되 요한의 침례니라 바울이 이르되 **요한이 회개의 침례를 베풀며 백성에게 말하되 내 뒤에 오시는 이를 믿으라 하였으니 이는 곧 예수라 하거늘 그들이 듣고 주 예수의 이름으로 침례를 받으니** 바울이 그들에게 안수하매 성령이 그들에게 임하시므로 방언도 하고 예언도 하니 모두 열두 사람쯤 되니라   행 19:1-7

신약성경에 제일 먼저 나타나는 침례는 침례자라 불렸던 요한의 침례입니다. 요한이 베풀었던 "회개의 침례"와 그리스도인들에게 베풀었던 "그리스도인의 침례"를 구별하는 좋은 예가 여기 있습니다. 사도 바울은 에베소에서 어떤 제자들을 만났습니다. 바울은 그들에게서 무엇인가 다른 것을 발견한 듯, 그들에게 성령을 받았느냐고 물었습니다. 그들은 성령이 계심도 듣지 못했다고 대답합니다. 그때는 지금처럼 통신이 발달되어 있지 않은 시대였습니다. 이들은 아마도 요한의 제자들로서 예수 그리스도에 대해서는 실제로 잘 모르는 사람들이었던 것 같습니다. 그들은 요한이 베풀던 "회개의 침례"를 받았고 그의 가르침을 따랐던 요한의 제자들이었던 것 같습니다. 그들이 요한에게 침례를 받았다고 했을 때 바울이 한 말을 살펴봅시다. "너희에게 침례를 베푼 요한이 자기 뒤에 오는 분을 믿으라고 하지 않았느냐? 그분은 바로 예수님이다." 그리고 그들은 바울을 통해 주 예수를 믿고 예수 이름으로 침례를 받았습니다. 침례를 준 후에 바울은 즉시 그들에게 안수했고 그들은 성령을 받고 방언도 하고 예언을 하였습니다.

예수께서 받으신 침례

그 때에 서기관과 바리새인 중 몇 사람이 말하되 선생님이여 우리에게 표적 보여주시기를 원하나이다 예수께서 대답하여 이르시되 악하고 음란한 세대가 표적을 구하나 선지자 요나의 표적 밖에는 보일 표적이 없느니라 요나가 밤낮 사흘 동안 큰 물고기 뱃속에 있었던 것 같이 **인자도 밤낮 사흘 동안 땅 속에 있으리라**

마 12:38-40

나는 받을 침례가 있으니 그것이 이루어지기까지 나의 답답함이 어떠하겠느냐 눅 12:50

"예수께서 받을 침례"는 인류를 구원하시기 위해 겪게 될 자신의 죽음과 장사됨과 부활을 의미한 것이 분명합니다. 마가복음을 보면 예수님께서 제자들에게 자신이 이방인들의 손에 넘겨져 죽게 될 것이라고 세 번이나 말씀하셨습니다. 그러나 제자들은 주님의 죽음을 받아들이지 않았습니다.

이르시되 너희에게 무엇을 하여 주기를 원하느냐 여짜오되 주의 영광중에서 우리를 하나는 주의 우편에, 하나는 좌편에 앉게 하여 주옵소서 예수께서 이르시되 너희는 너희가 구하는 것을 알지 못하는도다 **내가 마시는 잔을 너희가 마실 수 있으며 내가 받는 침례를 너희가 받을 수 있느냐** 막 10:36-38

제자들은 예수님께서 십자가에서 죽으시기 위해 예루살렘으로 가시는 중에도 주님께 임박한 죽음을 이해하지 못하고 받아들이지 않았기 때문에 이기적이고 육신적인 관심 밖에 가지고 있지 않았습니다. 이에 주님은 "자신이 마시는 잔", 즉 "자신이 받는 침례"는 자신만이 받을 수 있는 것임을 알려 주셨습니다. 여기서 예수님은 이미 요한에게 침례를 받으셨음에도 불구하고 자신이 받을 침례가 있다고 하셨습니다. 우리가 침례를 받을 때 물에 온몸을 담그는 것이 옛사람의 죽음을 뜻하듯이, 예수님은 죽으신 후 장사된 지 사흘 만에 예수님은 부활하신 몸으로 다시 제자들 앞에 나타나셨습니다.

예수께서 받으신 물 침례

위에서 언급한 침례와 별개로, 예수께서 공생애를 시작하시기

직전에 침례 요한에게 침례를 받으신 물 침례는 우리에게 매우 중요한 깊은 의미가 있습니다.

요한이 말려 이르되 내가 당신에게서 침례를 받아야 할 터인데 당신이 내게로 오시나이까 예수께서 대답하여 이르시되 이제 허락하라 우리가 **이와 같이 하여 모든 의를 이루는 것이 합당하니라** 하시니 이에 요한이 허락하는지라 예수께서 침례를 받으시고 곧 물에서 올라오실새 하늘이 열리고 하나님의 성령이 비둘기 같이 내려 자기 위에 임하심을 보시더니 하늘로부터 소리가 있어 말씀 하시되 이는 내 사랑하는 아들이요 내 기뻐하는 자라 하시니라

마 3:14-17

예수님이 요한에게 침례를 받으러 나오시자, 요한은 자신이 예수님께 침례를 받아야지 예수님께서 자신에게 어찌 침례를 받겠냐고 말합니다. 그러자 예수님께서는 "우리가 이와 같이 하여 모든 의를 이루는 것이 합당하니라"라고 하셨고, 요한은 예수님께 침례를 베풉니다. 그리고 예수님께서 물 위로 올라오셨을 때, 성령이 예수님께 내려오고 하늘에서는 "이는 내 사랑하는 아들이요 내가 기뻐하는 자라"라는 하나님의 음성이 들려옵니다.

하나님의 아들이 이 땅에 오셔서 요한에게 침례를 받으셨다는 것은 엄청난 사건이며, 성부와 성자와 성령이 함께 계신 놀라운 장면입니다. 예수님께서는 성령으로 잉태되셨고 열두 살에 예루살렘에서 학자들과 성경에 대해 토론한 적도 있었습니다. 그때까지 예수님은 자신이 하나님의 아들인 것을 알고 계신 것 같았지만, 말이나 표적으로 나타내신 적은 없었습니다.

그러나 이 침례를 받은 이후부터 예수님은 하나님께서 함께 하시는 표적과 기사를 행하기 시작하셨습니다. 요한복음 2장에서 예수님은 물이 변하여 포도주가 되는 첫 번째 표적을 통해 하나님의 영광을 나타내기 시작하셨습니다. "우리가 이와 같이 하여" 즉 하나님께서 예수 그리스도를 통하여 죄인을 의인 되게 하는 일, 다시 말해 하나님의 모든 의를 이루는 일이 침례를 통하여 마침내 시작되었습니다.

(1) 의로우신 하나님의 아들이 죄인과 자신을 동일시하심으로 죄인을 대신할 수 있게 되었다

예수님은 성령으로 잉태되어 마리아의 몸에서 태어나셨습니다. 아담으로부터 시작되어 죄인의 계보를 잇는 요셉의 아들로 태어나신 것이 아니므로, 우리와 달리 죄인으로 태어나지 않았습니다. 그럼에도 불구하고 예수님은 요한에게서 '회개의 침례'를 받으셨습니다. 죄가 없는 분이 "회개의 침례"를 받은 이유는 자신을 죄인과 동일시했기 때문입니다. 의로운 하나님의 아들께서 죄인인 인간과 자신을 동일시함으로 죄인의 자리에서 죄인을 대신할 수 있게 되었습니다. 이것은 인간의 구원을 위한 매우 중요한 사건입니다. 예수님이 부활하신 후 승천하셔서 구원사역을 완성하셨을 때, 죄인인 우리가 의인이신 예수님과 동일시할 수 있도록 의로운 예수님이 먼저 죄인인 우리와 동일시하는 과정이 필요했습니다.

너희 안에 이 마음을 품으라 곧 그리스도 예수의 마음이니 그는 근본 하나님의 본체시나 하나님과 동등됨을 취할 것으로 여기지 아니하시고 오히려 **자기를 비워** 종의 형체를 가지사 사람들과 같이 되셨고　　　　　　　　　　　　　　　　　　빌 2:5-7

위의 말씀에서 예수님께서는 하나님과 동등됨을 취할 것으로 여기지 아니하시고, 자기를 비워 죄의 종인 인간의 모습으로 사람들과 같이 되셨다고 말씀하고 있습니다.

(2) 육신으로는 아브라함과 그의 후손 야곱의 열두 지파 중에 유다 지파에 속했던 다윗의 후손으로 오셨던 예수께서 제사장 직분을 수행할 수 있게 되었다

이스라엘 민족은 열두 지파 가운데 레위 지파가 나머지 지파들을 위하여 제사장족이 되어 성전에서 희생 제사를 드리는 일을 담당하도록 정해져 있었습니다. 예수님은 레위의 후손이 아닌 유다의 후손으로 이 땅에 오셨기 때문에 제사장이 될 수 없습니다.

그런데 히브리서에 보면 예수님은 유다 지파에서 나오신 것이 분명하고, 아론 계통을 따르지 않고 멜기세덱 계열을 따라 영원히 대제사장이 되셨다고 이야기합니다(히 7:11-17). 그리고 레위 지파에 속한 요한의 침례로 예수님은 구약의 율법을 따라서도 제사장 직분을 수행할 수 있게 되었습니다.『독일성서공회판 해설 관주 성경전서』에서는 이 침례에 대하여 이렇게 간단명료하게 설명을 했습니다.[5] "예수는 이렇게 해서 하나님과 그리고 사람과 더불어 연대하셨다. 그는 하나님으로부터 메시야로 인준 받으시고 그의 사업을 위한 준비를 갖추셨다."

---

5) 『독일성서공회판 해설 관주 성경전서』, 대한성서공회, 해당 주석 참조.

(3) 예수님은 의도적으로 의식적으로 침례의 표준을 보여주셨다

그 후에 예수께서 제자들과 유대 땅으로 가서 거기 함께 유하시며 침례를 베푸시더라 요한도 살렘 가까운 애논에서 침례를 베푸니 거기 물이 많음이라 그러므로 사람들이 와서 침례를 받더라

요 3:22-23

예수님께서 제자들과 함께 베푸신 침례나 요한의 제자들이 베푼 침례나 모두 물이 많은 곳에서 몸을 물에 담그는 방법으로 했다는 것을 위의 말씀으로 미루어 짐작할 수 있습니다. 여기서 우리는 예수님께서 몸소 침례를 받으시고 침례를 행하는 방법까지도 본으로 보여주셨음을 알 수 있습니다.

이것은 나중에 그리스도께서 명령하신 새 언약의 오직 두 가지 예식인 거듭난 성도에게 베푸는 침례와, 그리스도의 몸과 새 언약의 모든 유익에 참여하며 그리스도의 "죽음과 장사됨과 부활과 승천"을 기념하는 "주님의 만찬"의 중요성을 더욱 인식하도록 도와줍니다.

그리스도인의 물 침례

(1) 침례는 제자가 되기 위한 그리스도인의 삶의 출발점이다

그러므로 너희는 가서 모든 민족을 제자로 삼아 **아버지와 아들과 성령의 이름으로 침례를 베풀고** 내가 너희에게 분부한 모든 것을 가르쳐 지키게 하라 볼지어다 내가 세상 끝날까지 너희와 항상 함께 있으리라 하시니라   마 28:19-20

또 이르시되 너희는 온 천하에 다니며 만민에게 복음을 전파하라 **믿고 침례를 받는 사람은 구원을 얻을 것이요** 믿지 않는 사람은 정죄를 받으리라   막 16:15-16

"가서 모든 민족을 제자로 삼는 것"은 예수님이 그리스도인들에게 명하신 가장 포괄적이고 중요한 명령입니다. 영혼을 구원하여 제자로 삼는 것은 우리가 구원을 받은 후에 이 땅에 사는 최고의 목적입니다. 이 사명의 시작은 바로 침례를 베푸는 일에서 시작됩니다. 한 사람에게 침례를 베풀려면 당연히 "그리스도의 복음"을 전하여 그가 "예수님을 자신의 구원자와 주님으로 마음으로 믿고 입으로 고백하도록" 도와주어야 합니다. 이렇게 한 사람에게 복음을 전하여 그리스도인으로서 거듭나도록 도와주는 일은 이 세상에서 인간이 인간에게 베풀 수 있는 가장 중요한 일입니다. 짧은 시간에 일어난 일일지라도 그 결과는 영원하기 때문입니다. 성경은 어린 양의 생명책에 이름이 기록되지 못한 자들은 부활 날에 모두 불못으로 던져질 것이라고 말하고 있기 때문입니다.

침례는 "아버지와 아들과 성령의 이름으로" 베풉니다. 이 표현은 사도행전을 비롯하여 다른 서신들을 통해 볼 때, "예수 이름으로" 침례를 베푸는 것임을 알 수 있습니다.[6] 이 말씀은 어떤 사람을 거듭나게 한 다음 가장 먼저 할 일이 바로 침례를 받게 하는 것임을 알려줍니다. 복음을 전하고 물로 침례를 받도록 하는 것은 그 사람의 구원을 확증하는 일일 뿐만 아니라 이제 그리스도인으로서 새로운 정체성을 가진 새 사람으로 사는 새로운 삶의 시작입니다. 인류의 역사를 그리스도가 오시기 전 즉 B.C.Before Christ와 그리스도가 오신 후 즉 A.D.Anno Domini로 구분하듯이, 그리스도인의 삶은 침례를 기준으로 B.C.와 A.D.로 구분됩니다.

---

6) "이는 아직 한 사람에게도 성령 내리신 일이 없고 오직 주 예수의 이름으로 침례만 받을 뿐이더라"(행 8:16)

그리스도의 교회는 예수를 주와 그리스도로 영접한 성도에게 베푸는 침례와 그리스도의 죽음과 장사됨과 부활과 승천을 기념하는 주님의 만찬을 두 개의 중요한 예식으로 지킵니다. 이는 주님께서 직접 명하신 것입니다. 침례와 주님의 만찬은 이렇게 중요하지만 역사적으로 침례를 세례로 바꾸거나, 복음을 이해할 수도 없는 어린아이에게도 침례를 베풀고, 주님의 만찬을 특정한 "성직자"만 할 수 있게 하며, 성도들이 가정에서 소그룹으로 할 수 없게 하고 많은 사람들이 모이는 주일 예배 때만 목회자의 기도로 행할 수 있게 함으로써 결국은 약식으로 크래커 조각과 작은 잔으로 거행하는 형식적인 것이 되어버렸습니다.

그러나 구원받은 성도가 그리스도인 공동체에 속하여 침례를 받는 것과 그리스도인 공동체가 함께 주님의 만찬에 참여하는 것은 그 의미를 생각해 볼 때 너무나 중요한 것으로서 왜 주님께서 이 두 가지를 행하라고 명령하셨는지 짐작할 수 있습니다.

또한 침례를 받고 성찬에 참여하여도 그 의미를 잘 모르는 경우도 있습니다. 바울은 침례를 받았지만 침례의 의미와 중요성을 잘 알지 못하는 성도들에게 침례의 의미를 정확하게 가르쳐 주었습니다. 로마서 6장에는 침례의 의미가 잘 나와 있습니다. 침례는 그리스도의 죽음과 장사됨과 부활에 동참함으로써 자신을 그리스도와 동일시하는 것입니다.

> 무릇 그리스도 예수와 합하여 침례를 받은 우리는 그의 죽으심과 합하여 침례를 받은 줄을 알지 못하느냐 그러므로 우리가 그의 죽으심과 합하여 침례를 받음으로 그와 함께 장사되었나니 이는 아버지의 영광으로 말미암아 그리스도를 죽은 자 가운데서 살리심과 같이 우리로 또한 새 생명 가운데서 행하게 하려 함이라
>
> 롬 6:3-4

같은 내용을 바울은 6절에서 다시 한 번 설명합니다. "우리가 알거니와 우리의 옛 사람이 예수와 함께 십자가에 못 박힌 것은 죄의 몸이 죽어 다시는 우리가 죄에게 종노릇 하지 아니하려 함이니 이는 죽은 자가 죄에서 벗어나 의롭다 하심을 얻었음이라" 즉 침례는 옛 사람이 죽고 새 사람으로 거듭난 그리스도인이 영적 세계에서 자신에게 일어난 새로운 창조를 외적으로 시인하고 헌신하는 교회의 예식입니다. 이제 그는 하나님 앞에서 뿐만 아니라 믿는 성도의 공동체인 지역 교회의 한 지체로서, 하나님이 세워주신 사람에게 예수 이름으로 침례를 공개적으로 받음으로써 하나님의 말씀을 따라 순종하는 것입니다.

뿐만 아니라, 바울은 교회에 보내는 편지에서 기회 있을 때마다 침례의 의미를 되새겨 주는 말씀을 반복해서 전하며 강조하였음을 볼 수 있습니다.

진리가 예수 안에 있는 것 같이 너희가 참으로 그에게서 듣고 또한 그 안에서 가르침을 받았을진대 너희는 유혹의 욕심을 따라 썩어져 가는 구습을 따르는 옛 사람을 벗어 버리고 오직 너희의 심령이 새롭게 되어 하나님을 따라 의와 진리의 거룩함으로 지으심을 받은 새 사람을 입으라   엡 4:21-24

(2) 침례는 하나님의 통치 앞에 전적으로 굴복하여 하나님의 뜻을 완전히 이루는 삶의 시작이다

네가 만일 네 입으로 예수를 주로 시인하며 또 하나님께서 그를 죽은 자 가운데서 살리신 것을 네 마음에 믿으면 구원을 받으리라 사람이 마음으로 믿어 의에 이르고 입으로 시인하여 구원에 이르느니라   롬 10:9-10

예수를 주로 시인한다는 것은 예수가 나의 주님이라는 뜻입니다.

예수를 믿는 그 순간부터 그분께서 내 삶의 모든 우선권과 결정권을 가지신다는 것입니다. "이제 앞으로 주님이 나의 삶을 다스릴 것입니다. 주님이 내 삶을 주관하시도록 나의 모든 것을 주님께 바칩니다." 침례는 이러한 새로운 삶의 시작을 의미합니다.

(3) 침례는 죄의 값이 치러졌을 뿐만 아니라 죄의 권세도 분쇄되었음을 선언하는 것이다

너희가 침례로 그리스도와 함께 장사되고 또 죽은 자들 가운데서 그를 일으키신 하나님의 역사를 믿음으로 말미암아 그 안에서 함께 일으키심을 받았느니라 또 범죄와 육체의 무할례로 죽었던 너희를 하나님이 그와 함께 살리시고 우리의 모든 죄를 사하시고 우리를 거스르고 불리하게 하는 법조문으로 쓴 증서를 지우시고 제하여 버리사 십자가에 못 박으시고 통치자들과 권세들을 무력화하여 드러내어 구경거리로 삼으시고 십자가로 그들을 이기셨느니라

골 2:12-15

"우리를 거스르고 불리하게 하는 법조문을 쓴 증서를 지우고 제하여 버리사 십자가에 못 박으시고" 우리가 지키지 못하기 때문에

죄인이라고 규정하는 구약의 율법을 모두 폐하셨습니다. 인간이 지은 죄는 그리스도의 십자가를 통하여 마치 부채 증서를 지우듯이 지워졌으며, 죄의 값의 문제를 해결하셨습니다.

구약시대에는 아브라함의 후손들은 모두 할례를 받아야 했습니다. 그러나 이제 "손으로 하지 아니한 할례" 즉 육체에 받는 할례가 아니라 "육의 몸을 벗는 것이요 그리스도의 할례" 즉 영의 할례와 같은 것이 침례입니다. 그러므로 침례는 우리가 그리스도와 함께 죽고 장사되었다가 그리스도와 함께 부활함으로써 예수 그리스도의 구원사역의 전 과정에 함께 동참하는 것입니다. 예수님은 침례를 받으시고 죄인을 대신하여 죄인의 모습으로 죄인들의 죄를 짊어지셔서 실제로 죽고 장사되고 지옥에 가셨다가 부활하셨습니다. 그리스도 안에서 새롭게 재창조된 그리스도인의 정체성과 하나님의 자녀의 권세를 부여 받았음을 인정하고 감사하며 축하하는 것이 침례입니다.

> 죄가 너희를 주장하지 못하리니 이는 너희가 법 아래에 있지 아니하고 은혜 아래에 있음이라　　　　　　　　　　롬 6:14

> 허물로 죽은 우리를 그리스도와 함께 살리셨고 (너희는 은혜로

구원을 받은 것이라) 함께 일으키사 그리스도 예수 안에서 함께
하늘에 앉히시니 엡 2:5-6

인간들을 지배하는 적대적 세력들의 권능을 분쇄하심으로써 **권세의 문제**를 해결하셨습니다. 에베소서 1장 19-23절에 묘사된 그리스도를 살리시고 하나님 보좌 우편에 앉게 하신 하나님의 능력은 그리스도인에게도 역사하셔서 "함께" 일으키셔서 "함께" 하늘에 앉히셨다고 에베소서 2장 1-6절에서 바울이 증거하고 있습니다. 그리스도인이 하나님의 자녀로 거듭나는 순간 차지하게 된 "하나님의 자녀"의 신분은 탁월한 권세와 능력을 행사할 수 있는 자리입니다.

그러므로 부활하신 예수님을 주님으로 시인한다는 것은 사단의 사망 권세가 더 이상 우리를 다스리지 못하고 예수님, 성령, 하나님의 말씀이 우리를 다스리게 하는 것입니다. "의의 선물을 넘치게 받는 자들은 한 분 예수 그리스도를 통하여 생명 안에서 왕 노릇 하리로다"(롬 5:17). 그리스도를 통하여 생명이 우리를 다스리게 됩니다. 그러므로 우리가 세상에서 그리스도의 몸으로서 머리되신 그리스도께 복종하며 그분의 지체로 기능할 때, 만물은 그리스도의 이름에 복종하여야 합니다(엡 1:22-23).

부활하신 예수님을 주로 시인한다고 할 때 "주"는 종의 주인이

라는 뜻 이상입니다. "퀴리오스"는 로마의 황제에게만 붙이던 단어입니다. 그렇기 때문에 예수님을 거짓으로 고소할 때 "그들은 다른 왕이 있다고 하나이다"라고 했습니다. 예수님은 만왕의 왕이십니다. 그러므로 예수를 주로 시인한다는 것은 예수가 나의 왕, 즉 이 땅에서 나에게 권력을 행사하는 가장 높은 분이라는 뜻입니다. "이것들은 장래 일의 그림자이나 몸은 그리스도의 것이니라"(골 2:17). 그리스도가 우리의 머리가 되셨고 우리가 그리스도의 몸이 되었으므로 그리스도의 권세를 그대로 누릴 수 있게 되었다는 것이 침례의 의의입니다.

물 침례가 교회에 중요한 이유

(1) 침례는 자신은 물론 자신이 속한 그리스도의 몸인 교회가 한 영혼의 구원과 한 지체가 됨을 함께 축하하는 은혜의 통로이다

우리가 유대인이나 헬라인이나 종이나 자유인이나 다 한 성령으로 침례를 받아 한 몸이 되었고 또 다 한 성령을 마시게 하셨느니라

고전 12:13

> 교회 안에서와 그리스도 예수 안에서 영광이 대대로 영원무궁하기
> 를 원하노라 아멘   엡 3:21

신약성경은 그리스도의 교회에서 침례와 성찬을 행하라고 했습니다. 개인적으로 구원을 받는 순간 그는 성령 안에서 그리스도의 몸 안으로 침례를 받습니다. 그러나 그는 교회라는 성도의 공동체에서 다른 사람을 통하여 물로 침례를 받음으로써 교회라는 눈에 보이는 그리스도의 몸의 지체가 되고 자신에게 일어난 거듭남을 사람들 앞에서 시인하며 공적으로 인정받게 됩니다. 예수를 자신의 주와 그리스도로 마음으로 믿고 입으로 시인한 것을 교회와 가족들 앞에서도 침례를 통해 행동으로 보여 주는 것입니다. 우리의 뇌는 들은 것은 40%, 듣고 본 것은 60%, 듣고 보고 행한 것은 80%를 기억한다고 합니다. 침례는 우리가 새로운 탄생, 즉 새로운 피조물로 거듭난 구원을 영·혼·몸 전체로 표현하는 것입니다. 새로운 생명, 새로운 삶을 시작하겠다는 결단을 내리고 하나님과 사람 앞에서 자신의 믿음을 확실히 하는 매우 복된 교회 예식입니다.

예수 그리스도의 이름으로 침례를 받았다는 것과 성찬에 참여한다는 것은 끝까지 사라지지 않는 내가 하나님의 자녀라는 증거입니다. 왜냐하면 이제는 내가 그리스도의 몸의 지체가 되었으며 이전의

내가 아니라 새롭게 태어난 삶이 시작되었기 때문입니다. "그런즉 이제는 내가 사는 것이 아니요 오직 내 안에 그리스도께서 사시는 것이라"(갈 2:20). 그리스도는 이제 개인적으로는 각 그리스도인 안에, 집합적으로는 그리스도의 몸인 교회 안에 살고 계십니다.

그리스도인으로서 구원받은 감격과 내게 맡겨진 복음을 전하는 자의 사명의 중요성을 인식하며 나의 생명과 삶을 축하하는 것이 "주의 만찬"입니다. "너희가 이를 행하여 나를 기념하라"(눅 22:19) 그러므로 침례와 성찬만큼 기독교의 핵심 진리와 복음의 긴급성과 그리스도인의 현재의 삶의 중요성을 잘 깨닫게 해 주는 것은 없습니다.

(2) 침례는 구원이라는 내적인 경험을 외적으로 표현하는 행위이다

침례는 그 영이 믿음으로 이미 받아들인 내적인 의를 외적인 순종(헌신)의 행위로 나타내는 것, 즉 구원이라는 내적인 경험을 외적으로 표현하며 다른 성도들과 함께 축하하는 것입니다. 그러므로 침례는 교회에서 가장 중요한 축하의 잔치가 되어야 합니다.

구소련에서 핍박을 받다가 자유를 얻고 미국에 이민 와서 살게 된 러시아계 목사님으로부터 이런 간증을 들은 적이 있습니다. 그분이 열 살 쯤 되었을 때 한밤중에 아버지가 깨우더니 옷을 따뜻하게 입혀서 밖으로 데리고 나가 함께 숲으로 갔다고 합니다. 숲속 언 연못가에는 성도들이 모여 있었으며, 그들은 얼음을 깨고 처음 예수를 믿게 된 사람들에게 침례를 주었다고 합니다. 그는 아버지께 어두운 밤에 남몰래 침례를 하는 이유를 물었습니다. 아버지는 그 사람들이 예수를 믿게 되었기 때문에 반드시 침례를 주어야 한다고 대답했습니다. 당시 러시아는 공산국가였기 때문에 예수를 믿으면 상급학교 진학을 시켜주지 않을 만큼 탄압이 심했다고 했습니다. 어린 학생들까지 모두 공산당 배지를 달고 다녀야 했는데, 예수 믿는 사람들은 배지를 달기를 거절하였기 때문에 누가 그리스도인인지 겉모습으로도 알아볼 수 있었다고 합니다. 그리스도인은 한 학급에 한 명이 있을까 말까 하는 적은 숫자였다고 합니다. 그 목사님은 초등학교 일 학년 때부터 예수 믿는 사람으로 알려졌고 그 때문에 상급학교를 다니지 못했다고 했습니다.

기독교에 대한 핍박은 구소련에서 70년 동안이나 지속되었습니다. 마침내 페레스트로이카를 통해 공산당 정권이 무너졌을 때, 하나님은 미국을 통해서 구소련에서 박해받던 그리스도인들에게 미국으로 이민 올 수 있는 문을 열어 주셨습니다. 미국은 러시아의 공산당 치하에서 그리스도인으로서 핍박을 받은 증거가 있는 사람들에게 영주권을 주고 이주시켰습니다. 그 인구가 30만 명에 달했습니다. 그때 목사님은 어린 시절 학교도 다니지 못했던 것이 증거가 되어 미국으로 이주할 수 있었습니다. 그분의 아버지는 지하 교회를 섬겼던 목자였습니다. 그들은 미국에 와서도 믿음을 지키며 해마다 수천 명씩 모여서 집회를 열어왔습니다.

저는 그 목사님으로부터 침례에 대한 가장 아름다운 간증을 들었습니다. 그들에게는 침례가 목숨을 걸어야 받을 수 있는 것이었고, 믿음은 교육을 포기해야 지킬 수 있는 것이었습니다. 공산당이 무너지리라고는 기대하지 못한 채 70년 동안이나 그들은 오직 그리스도인이라는 이유로 불이익을 당했습니다. 침례 대신 집에서 간단히 세례로 대신하면 될 것 아닌지 물을 수도 있습니다. 그러나 그들은 그렇게 생각하지 않았습니다. 아버지를 따라 긴 숲속에서 사람들이 성경 말씀을 그대로 지키기 위해 한밤중에 일어나 얼음을 깨고 침례 받는 장면을 본 어린 아들은 아버지를 이어 주님의 교회를 섬기는 목사가 되었습니다. 열 살 어린아이의 가슴에는 '예수를 믿고 침례를 받는 것은 이렇게 귀한 것이구나!' 하는 깊은 감동이 있었고, 하나님은 그에게 그리스도인으로 살 수 있는 믿음과 용기를 주셨습니다.

침례탕이 준비되지 않았다거나, 날씨가 춥다거나, 다른 교회와 다르게 왜 꼭 침례를 해야 하는지에 대한 성경에 어긋나는 질문들을 하며 여전히 손쉬운 세례의 전통을 지키는 것은 하나님의 말씀보다 교회의 전통을 따르며 사람의 눈을 더 의식하는 것입니다. 뿐만 아니라 사도행전에는 침례를 베푸는 사람에 대한 어떤 조건도 제시되어 있지 않습니다. 사도 바울도 자신이 직접 침례를 베풀지 않았음을 강조하면서, 제자들에게 복음을 전하고 침례를 베풀며 제자로 만들라고 명령하였습니다. 안수 받은 목사를 초청해서 침례를 베풀 필요도 없으며, 성숙한 성도가 될 때까지 기다릴 필요도 없습니다. 아기가 태어난 것을 온 가족이 기뻐하듯이 행복한 아기의 탄생을 축하하는 하나님의 가족의 "생일잔치"입니다.

(3) 침례는 예수 그리스도께서 주신 가장 중요한 사명의 핵심이다

예수께서 나아와 말씀하여 이르시되 하늘과 땅의 모든 권세를 내게 주셨으니 그러므로 너희는 가서 모든 민족을 제자로 삼아 **아버지와 아들과 성령의 이름으로 침례를 베풀고 내가 너희에게 분부한 모든 것을 가르쳐 지키게 하라** 볼지어다 내가 세상 끝날

까지 너희와 항상 함께 있으리라 하시니라　　　　　마 28:18-20

또 이르시되 너희는 온 천하에 다니며 만민에게 복음을 전파하라 믿고 침례를 받는 사람은 구원을 얻을 것이요 믿지 않는 사람은 정죄를 받으리라　　　　　　　　　　　　　　　　막 16:15-16

침례는 예수 그리스도께서 주신 대사명의 핵심입니다. 침례를 베푸는 것은 제자를 삼으라는 주님의 명령을 실천하는 첫걸음입니다. 주님을 온전히 따르며 주님의 사랑과 성품을 나타내며 주님이 주신 사명을 성취하는 제자로서 살아가는 것은 평생의 도전이지만, 구원받아 성도가 되는 것은 한 사람의 인생에서 가장 중요하고 의미 있는 출발입니다.

(4) 침례는 세상에서 그리스도를 대신하는 대사의 신분으로 살게 되었음을 선언하는 것이다

우리는 그가 만드신 바라 그리스도 예수 안에서 선한 일을 위하여 지으심을 받은 자니 이 일은 하나님이 전에 예비하사 우리로 그 가운데서 행하게 하려 하심이니라　　　　　　　　　　　엡 2:10

그러므로 우리가 그리스도를 대신하여 사신이 되어 하나님이 우리를 통하여 너희를 권면하시는 것 같이 그리스도를 대신하여 간청하노니 너희는 하나님과 화목하라　　　　　　고후 5:20

침례는 "이 땅에서 예수 그리스도의 대사의 신분으로 새로운 생명, 새로운 삶을 살 것입니다"라고 마귀의 종살이에서 빠져나와 하나님과 교회 앞에서 자신의 믿음을 순종의 행위로 공개적으로 고백하고 선언하는 것입니다. 전도할 때도 우리는 "하나님께서 당신을 사랑하셔서 나를 당신에게 보냈습니다. 당신이 하나님을 만날 수 있는 유일한 길은 예수 그리스도의 복음을 듣는 것입니다"라고 담대하게 말할 수 있습니다. 그 이유는 그가 우리 안에 계신 그리스도를 내 입의 증언을 통해 만나야 하기 때문입니다.

(5) 침례는 그리스도의 죽음과 장사됨과 부활에 자신을 동일시하는 가장 정확한 성경에 근거한 믿음의 행위이다

내가 그리스도와 함께 십자가에 못 박혔나니 그런즉 이제는 내가 사는 것이 아니요 오직 내 안에 그리스도께서 사시는 것이라 이제 내가 육체 가운데 사는 것은 나를 사랑하사 나를 위하여 자기

자신을 버리신 하나님의 아들을 믿는 믿음 안에서[하나님의 아들의 믿음으로] 사는 것이라   갈 2:20

예수께서 침례 요한을 통해 요단강에서 침례를 받음으로써 죄인이었던 우리와 동일시Identification했듯이, 이제 구원받은 우리가 자신을 그리스도와 동일시하는 믿음의 행위가 침례입니다.

침례의 조건 : 복음을 믿으라

또 이르시되 너희는 온 천하에 다니며 만민에게 복음을 전파하라 **믿고 침례를 받는 사람은 구원을 얻을 것이요** 믿지 않는 사람은 정죄를 받으리라   막 16:15-16

어떤 사람이 침례를 받을 수 있습니까? 믿는 자는 구원을 얻은 것인데 마음으로 믿고 입으로 고백한 말씀에 따라 순종하는 행위가 침례입니다. 마가는 복음서를 기록하고 이와 같은 주님의 명령으로 마무리를 지었습니다. 그러나 사도 바울이 구원을 말한 로마서와 요한복음에는 믿는 내용을 이렇게 말했습니다.

네가 만일 네 입으로 예수를 주로 시인하며 또 하나님께서 그를 죽은 자 가운데서 살리신 것을 네 마음에 믿으면 구원을 받으리라 사람이 마음으로 믿어 의에 이르고 입으로 시인하여 구원에 이르느니라
롬 10:9-10

영접하는 자 곧 그 이름을 믿는 자들에게는 하나님의 자녀가 되는 권세를 주셨으니
요 1:12

침례를 베푸는 것은 오늘날 교회를 통하여 이루어지는 일이지만, 성경의 교회는 믿는 사람들의 모임이므로, 성경의 기준은 믿는 사람이 예수 이름으로 침례를 주면 되는 것입니다. 바울도 자신이 소수의 사람의 경우 외에는 직접 침례하지 않았다고 했습니다 (고전 1:14).

침례는 누가 언제 새 신자에게 침례를 해야 하는가?

(1) 성령이 오신 오순절 날 사도들은 구원받은 삼천 명에게 침례를 주었다

또 여러 말로 확증하며 권하여 이르되 너희가 이 패역한 세대에서 구원을 받으라 하니 그 말을 받은 사람들은 침례를 받으매 이 날에 신도의 수가 삼천이나 더하더라   행 2:40-41

(2) 빌립은 사마리아인들에게 침례를 주었다

빌립이 하나님 나라와 및 예수 그리스도의 이름에 관하여 전도함을 그들이 믿고 남녀가 다 침례를 받으니 시몬도 믿고 침례를 받은 후에 전심으로 빌립을 따라다니며 그 나타나는 표적과 큰 능력을 보고 놀라니라   행 8:12-13

(3) 빌립은 이디오피아 내시에게 즉시 침례를 주었다

빌립은 입을 열어서, 이 성경 말씀에서부터 시작하여, 예수에 관한 기쁜 소식을 전하였다. 그들이 길을 가다가, 물이 있는 곳에 이르니, 내시가 말하였다. "보십시오. 여기에 물이 있습니다. 내가 침례를 받는 데에, 무슨 거리낌이 되는 것이라도 있습니까?"[(37절 없음) 어떤 사본들에는 37절의 내용이 첨가되어 있음. "빌립이 말하였다. '그대가 마음을 다하여 믿으면, 침례를 받을 수 있습니다.' 그 때에 내시가 대답하였다. '나는 예수 그리스도가 하나님의

아들이심을 믿습니다.'"] 빌립은 마차를 세우게 하고, 내시와 함께
물로 내려가서, 그에게 침례를 주었다.　　　행 8:35-38, 새번역

(4) 아나니아는 사울에게 즉시 침례를 주었다

즉시 사울의 눈에서 비늘 같은 것이 벗어져 다시 보게 된지라 일어
나 침례를 받고　　　　　　　　　　　　　　　　　행 9:18

이제는 왜 주저하느냐 일어나 주의 이름을 불러 침례를 받고 너의
죄를 씻으라 하더라　　　　　　　　　　　　　　　행 22:16

**(5) 베드로는 이방인으로서 처음으로 그리스도인이 된 고넬료와
　　그의 가족에게 침례를 주었다**

명하여 예수 그리스도의 이름으로 침례를 베풀라 하니라 그들이
베드로에게 며칠 더 머물기를 청하니라　　　　　　행 10:48

(6) 바울과 실라는 간수에게 그날 밤 침례를 주었다

이르되 주 예수를 믿으라 그리하면 너와 네 집이 구원을 받으리라

하고 주의 말씀을 그 사람과 그 집에 있는 모든 사람에게 전하더라 그 밤 그 시각에 간수가 그들을 데려다가 그 맞은 자리를 씻어 주고 자기와 그 온 가족이 다 침례를 받은 후　　　　　　행 16:31-33

(7) 바울과 실라와 디모데 팀은 그리스도인이 된 회당장과 온 집안 식구에게 침례를 주었다

또 회당장 그리스보가 온 집안과 더불어 주를 믿으며 수많은 고린도 사람도 듣고 믿어 침례를 받더라　　　　　　행 18:8

(8) 요한의 침례만 받은 어떤 제자들에게 바울은 예수 그리스도의 복음을 전하고 거듭난 그들에게 침례를 주었다

아볼로가 고린도에 있을 때에 바울이 윗지방으로 다녀 에베소에 와서 어떤 제자들을 만나 이르되 너희가 믿을 때에 성령을 받았느냐 이르되 아니라 우리는 성령이 계심도 듣지 못하였노라 바울이 이르되 그러면 너희가 무슨 침례를 받았느냐 대답하되 요한의 침례니라 바울이 이르되 요한이 회개의 침례를 베풀며 백성에게 말하되 내 뒤에 오시는 이를 믿으라 하였으니 이는 곧 예수라 하거늘 그들이 듣고 주 예수의 이름으로 침례를 받으니　　　　행 19:1-5

(9) 아나니아는 사울에게 주저할 이유가 없이 즉시 침례를 받도록 촉구하였다

그가 또 이르되 우리 조상들의 하나님이 너를 택하여 너로 하여금 자기 뜻을 알게 하시며 그 의인을 보게 하시고 그 입에서 나오는 음성을 듣게 하셨으니 네가 그를 위하여 모든 사람 앞에서 네가 보고 들은 것에 증인이 되리라 이제는 왜 주저하느냐 일어나 주의 이름을 불러 침례를 받고 너의 죄를 씻으라 하더라　　행 22:14-16

교회가 탄생하던 그 오순절 날에 삼천 명이 침례를 받았다고 하였는데, 이는 베드로와 함께 열두 사도들이 침례를 줄 수 없는 큰 무리였습니다. 이 첫 사례를 시작으로 사도행전에 기록된 열 가지 사례는 모두 예수 이름으로 침례를 주는 것만이 중요하지 다른 것은 강조된 적이 없습니다. 아나니아는 제자라고 하였으며 빌립은 집사였습니다. "여기 강물이 있는데 저를 왜 침례 안 해 주십니까?" 내시가 먼저 침례를 받고자 했으며, 빌립은 방금 거듭난 이디오피아 내시에게 즉시 강물에 들어가 침례를 베풀었습니다. 아나니아도 사울에게 "왜 주저하느냐 일어나 주의 이름을 불러 침례를 받고 너의 죄를 씻으라"고 즉시 침례받을 것을 권했고 침례를 주었습니다.

이와 같이 그리스도인은 자신이 전도한 새 그리스도인에게 물로 침례를 즉시 어디서든지 베푸는 것이 성경의 가르침입니다.

성령 침례

소위 "오순절주의Pentecostalism"의 첫 번째 교리는 **예수님을 구주로 영접하는 것과 성령을 받는 것, 이 두 가지를 서로 다른 사건으로 구별**합니다. 물론 동시에 일어날 수 있지만 두 개의 별개의 사건으로 보는 것입니다. 이 둘을 구별하지 않고 예수님을 영접할 때 성령을 받았다고 간주하면 오순절주의가 아니며, 성령을 받은 증거로 방언을 말해야 한다고 믿으면 오순절주의입니다. 20세기에 들어서서 미국을 중심으로 시작되어 100여 년이 지나 현재 지구의 남반구와 유색인종들 가운데 가장 현저한 부흥을 이룬 오순절 교파의 능력의 차이는 바로 여기에 있습니다.

이제 예수 그리스도와 열두 제자, 그리고 오순절 이후 신약의 성도들의 경우를 살펴봄으로써, "하나님의 생명"을 받는 것과 "하나님의 영"을 받는 것이 두 개의 구별되는 일임을 확인해 보겠습니다.

(1) 예수님의 경우

• 하나님의 생명

"예수 그리스도의 나심은 이러하니라 그의 어머니 마리아가 요셉과 약혼하고 동거하기 전에 성령으로 잉태된 것이 나타났더니"(마 1:18). 예수님께서는 성령으로 잉태되셨으므로 하나님의 생명을 가지고 계십니다.

그 안에 생명이 있었으니 이 생명은 사람들의 빛이라   요 1:4

• 하나님의 능력

예수께서 침례를 받으시고 곧 물에서 올라오실새 하늘이 열리고 하나님의 성령이 비둘기같이 내려 **자기 위에 임하심을 보시더니**
마 3:16

예수께서 **성령의 충만함을 입어** 요단강에서 돌아오사   눅 4:1

곧 물에서 올라오실새 하늘이 갈라짐과 성령이 비둘기 같이 **자기에게 내려오심을** 보시더니

> [NLT] As Jesus came up out of the water, he saw the heavens splitting apart and the Holy Spirit descending on him * like a dove. (*Or toward him, or into him) 막 1:10

대부분의 영어 번역본이 "on him"이라고 번역하였지만, 그리스어 원문은 "eis auton"으로서 "in or into him"이라고 직역할 수 있습니다. NLT 영어성경은 관주로 이 사실을 설명하였습니다. 그러므로 성령으로 잉태되시고 하나님의 생명이 가득하신 분이었지만, 예수님이 침례 받고 물속에서 올라오실 때에 하늘이 열리고 하나님의 성령이 비둘기같이 자기 위에 내려오는 것을 보셨는데, 그것은 밖에서 지켜본 것이고 실제로는 하나님의 성령이 예수님의 영 안으로into him 들어갔습니다.

> 하나님이 나사렛 예수에게 성령과 능력을 기름 붓듯 하셨으매 그가 두루 다니시며 선한 일을 행하시고 마귀에게 눌린 모든 사람을 고치셨으니 이는 하나님이 함께 하셨음이라 행 10:38

"나사렛 예수"는 성경에서 예수님의 인성을 강조할 때 사용되는 표현입니다. 예수라는 이름은 당시에 그 지역에서는 흔한 이름이었기 때문에 "나사렛 예수"라고 구별한 것입니다. "하나님이 나사렛 예수에게 성령과 능력을 기름 붓듯 하셨으매" 즉 요한에게 침례를 받았을 때 예수님은 성령과 능력을 하나님으로부터 기름 붓듯 받으셨다는 말입니다. 그때부터 예수님께서는 선한 일을 하시고 '마귀에게 눌린 사람'을 고치셨습니다. 이것은 질병의 근원이 마귀라는 사실 뿐만 아니라, 예수님께서는 그분에게 임한 성령의 능력으로 마귀에게 눌린 모든 사람의 병을 고칠 수 있었다는 뜻입니다.

(2) 열한 제자의 경우

• 하나님의 생명

예수께서 또 이르시되 너희에게 평강이 있을지어다 아버지께서 나를 보내신 것 같이 나도 너희를 보내노라 이 말씀을 하시고[7] 그들을 향하사 숨을 내쉬며 이르시되 **성령을 받으라**　　요 20:21-22

위의 말씀은 부활하신 예수님께서 제자들에게 하신 말씀입니다. 부활하신 주님은 승천하시기 전에 있었던 위의 사건을 통해 성령의

---

7) 창세기 2장 7절에서 보듯이 입김을 불거나 숨을 내쉬는 것은 구약성경에서 생명을 부여하는 행위를 나타낸다.

능력으로 하나님의 생명을 제자들에게 주었고, 승천 후 오순절 날 성령을 보내 주셨습니다.

요한복음에서 말하고 있는 성령을 받는 사건과 사도행전 2장 4절의 오순절에 성령이 오심과 관련하여 역사적으로 여러 가지 해석이 있었습니다. 부활하신 예수님께서 자기 피를 하늘 지성소에 가지고 들어가셔서 죄를 정결케 하시는 일을 하시므로, 드디어 제자들도 하나님의 자녀로 거듭날 수 있게 되었습니다.

안식 후 첫날 새벽 마리아에게 나타나셔서 말씀하신 예수님은 아직 아버지께로 올라가지 않으신 상태에서 그녀를 만난 것이었습니다.

> 예수께서 이르시되 나를 붙들지 말라 내가 아직 아버지께로 올라가지 아니하였노라 너는 내 형제들에게 가서 이르되 내가 내 아버지 곧 너희 아버지, 내 하나님 곧 너희 하나님께로 올라간다 하라 하시니
> 요 20:17

그러나 그날 저녁 주님은 아버지께로 가셨다가 오셨으므로, 드디어 "성령을 받으라!"고 하시며, 성령으로 하나님의 생명을 받아 거듭날 수 있도록 하셨습니다. 즉 하나님의 생명을 불어

넣어 제자들이 거듭나게 된 것입니다. 이제 하나님은 예수 그리스도의 아버지일 뿐만 아니라 제자들의 아버지도 된 것입니다. 그래서 E. W 케년은 새벽에 만난 마리아에게는 자신의 몸을 만지지 못하게 하신 주님께서 여드레 후에 도마에게는 손으로 직접 만져보라고 말씀하셨다고 주장했는데 매우 타당한 해석이라고 여겨집니다.

이 날 곧 안식 후 첫날 저녁 때에 제자들이 유대인들을 두려워하여 모인 곳의 문들을 닫았더니 예수께서 오사 가운데 서서 이르시되 너희에게 평강이 있을지어다 이 말씀을 하시고 손과 옆구리를 보이시니 제자들이 주를 보고 기뻐하더라 예수께서 또 이르시되 너희에게 평강이 있을지어다 아버지께서 나를 보내신 것 같이 나도 너희를 보내노라 이 말씀을 하시고 그들을 향하사 숨을 내쉬며 이르시되 성령을 받으라 너희가 누구의 죄든지 사하면 사하여질 것이요 누구의 죄든지 그대로 두면 그대로 있으리라 하시니라

요 20:19-23

여드레를 지나서 제자들이 다시 집 안에 있을 때에 도마도 함께 있고 문들이 닫혔는데 예수께서 오사 가운데 서서 이르시되 너희

에게 평강이 있을지어다 하시고 도마에게 이르시되 네 손가락을 이리 내밀어 내 손을 보고 네 손을 내밀어 내 옆구리에 넣어 보라 그리하여 믿음 없는 자가 되지 말고 믿는 자가 되라   요 20:26-27

• 하나님의 능력

그럼에도 불구하고 예수님께서는 부활하셔서 제자들과 사십 일 동안 함께 하신 후 승천하시기 전에 당부하셨습니다. "볼지어다. 내가 아버지께서 약속하신 것을 너희에게 보내리니 너희는 위로부터 능력으로 입혀질 때까지 이 성에 머물라 하시니라"(눅 24:49). 제자들은 예루살렘을 떠나지 않고 마가의 다락방에 모여 기도했고 드디어 오순절이 되었을 때 그들에게 성령이 임하여 방언을 하게 되는 사건이 일어났습니다. 사도행전 1장에서 제자들이 하나님의 나라가 지금 임하는지 물었을 때 예수님은 때와 시간은 아버지께서 정하는 것이라고 하시고 "오직 성령이 너희에게 임하시면 너희가 권능을 받고 예루살렘과 온 유대와 사마리아와 땅 끝까지 이르러 내 증인이 되리라"(행 1:8)고 말씀하셨습니다. 성령이 오시는 이유는 제자들이 하나님이 공급하시는 능력을 받아야 예수 그리스도의 부활을 증거하는 증인이 될 수 있기 때문입니다.

"성령이 임한다"는 표현은 "…위에 오다come upon"로 대부분의 영어 성경이 번역하였는데, 이 표현은 성령님은 오시고, 제자들은 받았다는 사실을 표현한 것입니다. 위로부터, 하늘로부터, 영적 세계로부터 성령이 제자들에게 오셨으며, 제자들은 그들에게 오신 성령을 받아 그들의 영이 가득하게 찼을 때, 즉 충만하게 되었을 때 그들은 성령이 공급하는 발성을 입 밖으로 말함으로 다른 방언으로 말을 하게 되었습니다(행 2:4).

(3) 신약시대 성도들의 경우

• 하나님의 생명

그러면 오순절 이후 신약시대의 사람들인 우리에게는 어떻게 적용할 수 있습니까? 구원을 받는다는 것은 새로운 탄생 즉 거듭남을 가리킵니다. "다시 태어났다"는 의미에서 '중생重生'이라고도 하고 순수한 우리말로 "거듭남"이라고 합니다. 원어도 '위로부터' 혹은 '다시' 라고 번역할 수 있습니다. "죄와 허물로 죽었던 너희" 즉 영적으로 죽어 있던 사람이 하나님의 생명을 받아 새로운 생명으로 살 수 있게 된 것입니다.

바울은 고린도전서에서 이 과정을 거듭나는 것은 성령으로 침례를 받아 그리스도의 몸이 되는 것이며, 성령을 받는 것은 성령을 마시는 것으로 두 가지로 설명하고 있습니다.

> **한 성령으로[성령 안에서]** 침례를 받아 한 몸이 되었고 또 한 성령을 마시게 하였느니라
> [ESV] For **in one Spirit** we were all baptized into one body-Jews or Greeks, slaves or free-and all were made to drink of one Spirit.   고전 12:13

"한 성령으로[성령 안에서] 침례를 받아 한 몸이 되었고" 우리가 물 안에서 침례를 받듯이 한 성령 안에서 침례를 받아 그리스도의 몸 안의 지체가 되었다는 것입니다. 마치 그리스도의 몸이라는 거대한 물그릇 안에 수많은 빈 병이 푹 잠긴 것과 같습니다. 이것은 성령 안에서 침례를 받는 것, 즉 거듭나는 것을 의미합니다.

"또 한 성령을 마시게 하였느니라" 그 다음에 빈 병 안에 물이 들어가 가득 차게 되는 것은 성령을 받는 것을 의미합니다.

우리가 예수님을 주님으로 영접하고 위로부터 거듭날 때에 성령을 받은 것이 아니냐고 물을 수 있는데, 그것은 "성령 안에서 침례를 받은 것"이지 "성령을 받은 것"은 아닙니다.

• **하나님의 능력**

오직 성령이 너희에게 임하시면 너희가 권능을 받고 예루살렘과 온 유대와 사마리아와 땅 끝까지 이르러 내 증인이 되리라 하시니라

행 1:8

그들이 **다 성령의 충만함을 받고**they were all filled with the Holly Spirit

행 2:4

영어표현을 보면 마치 빈 병에 물을 채우듯이 성령으로 채워졌다고 되어 있습니다. 그러므로 첫 번째 오순절 날 주님께서 승천하시기 전에 하신 약속을 믿고 기다렸던 제자들은 모두 성령을 받게 되었습니다. 먼저 그들이 있는 그 곳에, 그 장소에 성령이 임했고, 그들이 성령이라는 물에 빠져서 가득 채움을 받고 드디어 가득차서 흘러나온 것입니다. 성령의 충만함을 받고, 그 다음에 다른 방언으로 말하기를 시작한 것입니다.

너희가 회개하여 각각 예수 그리스도의 이름으로 침례를 받고 죄 사함을 받으라 그리하면 **성령의 선물**을 받으리니   행 2:38

다음으로 살펴볼 것은 성령을 받는 것에 대한 **성경적인 용어**입니다.

성경적 용어는 **"성령을 받다"**입니다. 그러나 사도행전 2장 1-4절에서 그들이 모두 "성령의 충만함을 받고"라고 하여 액체나 기체가 가득 찬 것처럼 표현함으로써 단순한 "성령을 받는다"는 표현 대신에 "성령 충만을 받다"라고 표현하는 것이 오순절 교회들에게 일반화되었습니다. 그러나 성령 충만이라는 표현은 그리스도인의 혼과 몸이 영의 온전한 지배 아래서 기능할 수 있도록 영이 강한 상태를 가리키는 표현입니다. 이것은 어떤 용기에 내용물을 채우는 그림이므로 부분적 채움과 가득 채움의 정도를 연상하게 됨으로써 인격체로서 성령을 받아들인 사실에 대한 오해를 줄 수 있는 말입니다. 그러므로 이런 혼란을 막을 수 있는 가장 적합한 표현은 "성령을 받다"라는 표현입니다.

> 그들이 내려가서 그들을 위하여 성령 받기를 기도하니 … 이에 두 사도가 그들에게 안수하매 **성령을 받는지라**   행 8:15, 17

> 이 사람들이 우리와 같이 **성령을 받았으니** 누가 능히 물로 침례를 베풂을 금하리요   행 10:47

이르되 너희가 믿을 때에 **성령을 받았느냐** 이르되 아니라 우리는
성령이 계심도 듣지 못하였노라　　　　　　　　　행 19:2

위의 말씀에서는 모두 성령을 받았다는 표현을 쓰고 있습니다. 성령을 "받도록" 기도하고, 성령을 "받는 것을 보고", 성령을 "받았느냐"고 묻습니다.

그런데 "방언을 주었다", "영접시켰다"와 같은 말들은 이렇게 말하는 사람이 주도적으로 행하는 것처럼 표현한 것이므로 잘못된 표현입니다. 이러한 표현들은 서로 혼용되어 정확한 성경의 진리를 왜곡할 수 있으므로 반드시 바로 알고 사용해야 합니다. "거듭난 사람이 성령을 받도록 도와주었고, 성령 받은 증거로 방언을 말하게 되었다", "복음을 전하였더니 그 분이 예수님을 주님으로 영접했다."라고 표현할 수 있을 것입니다.

성령을 한 번 받은 사람은 계속적으로 성령으로 충만함을 받아야 한다

그러므로 어리석은 자가 되지 말고 오직 주의 뜻이 무엇인가 이해

하라 **술 취하지 말라** 이는 방탕한 것이니 **오직 성령으로 충만함을 받으라** 엡 5:17-18

위의 말씀에서는 술 취하는 것과 성령 충만 받는 것을 대비하였습니다. 술 취한 사람이 마음은 물론 몸까지 균형을 잃을 정도로 알코올의 영향을 받듯이, 성령이 그리스도인의 영은 물론 마음과 몸에 영향력을 끼쳐 그의 느낌과 판단과 선택과 행동을 주도하도록 하라는 말입니다. 여기서 수동태 진행형으로 표현되어 있는 것은 성령이 주도하시도록, 나의 영·혼·몸을 그분께 내어드린 상태로 계속 유지하라는 것입니다.

술은 많이 마시면 취하고 시간이 지나면 다시 맑은 정신으로 돌아옵니다. 만약 술에 취한 상태를 유지하고 싶다면 술이 깨기 전에 다시 술을 마시는 것을 반복해야 할 것입니다. 성령 충만함도 마찬가지입니다. 성령 충만을 받은 다음에 시간이 지나면 그 때의 기쁨이나 감사나 평안이 사라지고 다시 두려움과 불만과 걱정이 들어올 수 있습니다. 그러므로 항상 지속적으로 성령으로 충만한 상태를 유지하는 것은 매일 식사를 통해 몸에 영양을 공급하듯이 우리의 영에 꼭 필요한 것입니다.

성령을 받은 외적 증거로 방언을 말해야 하는가?

성령은 그 본성이 영이기 때문에 우리의 오감으로 느낄 수 없습니다. 그러나 성령의 역사는 볼 수 있습니다. 마치 바람은 보이지 않지만 바람에 흔들리는 나뭇잎은 볼 수 있는 것과 같습니다.

> 바람이 임의로 불매 네가 그 소리는 들어도 어디서 와서 어디로 가는지 알지 못하나니 성령으로 난 사람도 다 그러하니라   요 3:8

> 하나님이 오른손으로 예수를 높이시매 그가 약속하신 성령을 아버지께 받아서 **너희가 보고 듣는 이것을 부어 주셨느니라**   행 2:33

"너희가 보고 듣는 이것"은 성령의 역사, 성령을 받은 사람을 말합니다. 성령을 받은 것은 각자의 영 안에서 일어난 일이므로 사람의 눈으로 볼 수 없었지만 그들이 방언을 말하고 예언하는 것은 보고 들었습니다.

성령의 아홉 가지 은사에 대해서 말하기를 "성령의 나타남을 주심"(고전 12:7)이라고 했습니다. "**나타남**manifestation"은 너무나 실제적이기 때문에 성령의 아홉 가지 은사들로도 나타나고 다른 영적 분위기나 사람의 영 · 혼 · 몸에 영향을 끼치는데, 이를 가리켜 "성령의 기름부음"이라고도 합니다. 하나님께서는 우주만물 가운데 계시고 또한 우리 안에 계십니다. 우리 안에 계신 성령 하나님이 우리와 함께 하시고 그것이 구체적으로 나타나는 것을 하나님의 임재라고 합니다. "하나님이 나사렛 예수에게 성령과 능력을 기름 붓듯 하셨으매"(행 10:38). 기름 붓는다는 표현은 구약에서 비롯되었는데 이스라엘에는 왕과 제사장과 선지자를 안수할 때 기름을 붓는 전통이 있었기 때문입니다. 신약에서 성령의 기름부음은 성령을 통한 하나님의 임재 곧 하나님이 역사하고 계시다는 뜻입니다. 성령은 오감으로 느낄 수 없지만, 성령의 기름부음 즉 성령이 함께 하심으로써 나타나는 외적 증상은 느낄 수도 있습니다. 그래서 넘어지기도 하고 웃기도 하고 울기도 하며 육체적으로나 감정적으로 다양하게 나타납니다. 성령의 나타남에 대해 성경 말씀을 정확히 알고 기대하면서 마음의 문을 열 때, 성령의 임재는 더 잘 나타납니다. 성령의 성품은 신사적이기 때문에 '조용히 기도해라', '혼자 기도해라'라고 가르치며 성령의 나타남을 환영하지 않는 모임이나 예배, 그런 가르침을 받아들이는 성도들에게는 성령의 역사가 자유롭게 나타나기 어렵습니다. 성령 충만함의 외적 증거로 방언으로 기도할 수 있을 뿐 아니라 춤도 추고 뛰기도 하는 모습은 이상한 것이 아니라 자연스러운 것으로 인식되어야 할 것입니다. 아버지의 권위가 있지만, 신약의 예배와 교제에서는 자녀가 아버지를 두려워하기보다는 사랑하며 가까이 품에 안기는 마음이 하나님의 자녀들의 기본적인 영적 분위기가 되어야 합니다.

오순절 운동의 역사적 중요성

여기서 오순절 운동이 한 세기 동안 기독교는 물론 온 세계에 끼친 엄청난 영향에 대해 잠깐 살펴보겠습니다. "오순절 운동"은 교회사에서 20세기에 일어난 인류에게 가장 큰 영향을 끼친 운동으로 손꼽힙니다. 1900년 이후 미국에서 시작된 이 성령의 역사는 여러 가지 면에서 특별하지만, 가장 중요한 출발점이 되고 특이한 것은 바로, 위에서 살펴본 바와 같이 그리스도인이 거듭나는 것과 성령을 받는 것을 구별된 두 개의 사건으로 본다는 점입니다. 그러므로 자연스럽게 강조된 것이 성령을 받은 증거로 "방언을 말하는 것"을 믿고 강조한 것입니다.

20세기 초에 미국을 중심으로 시작된 소위 "오순절 운동"에 관한 연구와 그 후 교회사에 나타난 놀라운 역사들은 지난 100년 동안은 물론 21세기를 접어들어서도 여전히 논란과 경이로운 역사의 중심에 있습니다. 그 중에도 비교적 최근의 세계적인 안목으로, 또한 오순절 운동에 참여하지 않은 사람의 관점에서 조사하고 보고하는 내용을 담은 책을 통해 비교적 객관적인 최근 소식을 살펴보려고 합니다.

『왜 섬기는 교회에 세계가 열광하는가』[8]는 두 명의 미국인 사회학자가 쓴 책입니다. 이들은 2년 동안 세계를 돌아보며 구제 사역이나 치유 사역과 같이 사회적으로 취약한 사람들에게 봉사하는 "섬기는 사역social ministry"을 잘 함으로써 사회에 좋은 영향을 끼쳐 인정받고 있는 교회들을 대상으로 연구를 했습니다. 그들 교회의 사역지는 80퍼센트 이상이 전쟁고아, 에이즈 환자가 많은 사회사업이 절실하게 필요한 제 3세계 국가들이었습니다. 선진국 가운데는 싱가포르와 홍콩 두 나라만 포함되었는데 여기서도 역시 마약 중독자나 에이즈 환자들을 대상으로 섬기는 교회들이 있었습니다. 이들 교회와 사역에 대하여 사회학적 접근을 통해 연구한 결과 그들이

---

[8] 도날드 밀러·테쓰나오 야마모리(2008), 『왜 섬기는 교회에 세계가 열광하는가: 기독교적 사회참여의 새로운 모델, 성령운동』, 교회성장연구소. 원제는 "Global Pentecostalism".

내린 결론은 섬기는 사역을 국가적으로 영향력 있게 실천하고 있는 교회들 거의 대부분이 오순절 교회라는 사실입니다. 그들이 현장에서 만난 사람들은 모두 방언을 말하고 그들이 드리는 예배는 성령의 임재가 뜨거웠습니다.

한 예를 들면 아프리카 우간다 캄팔라의 게리 스키너 목사님의 사역도 소개되어 있습니다. 게리 목사님은 백인으로 아프리카에서 선교사의 자녀로 태어났고 우간다의 흑인들을 상대로 목회를 하십니다. 우간다에는 에이즈 환자가 많기 때문에 에이즈로 부모를 잃은 고아들도 많습니다. 목사님은 고아원을 짓는 대신 단독주택을 짓고 성도들은 자원하여 다섯 명에서 열 명의 고아들을 맡아 그들의 양부모가 되어줍니다. 고아들을 위해 기관이나 시설을 설립하는 대신 가족을 선물한 것입니다. 그와 같은 사역이 초자연적으로 성공하고 있습니다. 참으로 그리스도의 사랑으로 그 시대와 그 나라 사람들의 필요를 채워줌으로 섬기는 탁월한 모델입니다.

참고로 필자 부부가 1982년 가을 미국으로 유학을 가서 미국의 오순절주의 교회에 출석하며 개인적으로 경험한 것을 간략하게 소개하겠습니다. 저는 수년 동안 방언을 사모하여 금식기도원이나 여러 집회에 참여했지만 방언을 말하지 못했습니다. 미국 유학 생활 1년 정도 되었을 때 한 미국 교회를 방문하였습니다. 그 교회는 예배가 끝나면 사람들을 앞으로 초청해서 안수하는 시간이 있었는데 저는 아내와 함께 나갔습니다. 안수를 받는 도중에 저는 아내가 자연스럽게 뒤로 넘어지는 것을 지켜보았습니다. 영문도 모르고 구경만 한 것이 아니라 실제로 경험을 한 아내는 당황하고 의아해했습니다. 그리고 몇 개월 후 다른 미국 교회의 예배에 참석했을 때에도 성령을 받고 싶은 사람은 앞으로 나오라고 했을 때 아내는 나가서 기도를 받고 그 때 "성령을 받았습니다." 아내의 표현에 의하면 "마치 물이 차오르는 것처럼 가슴까지 뭔가가 차오르는 것을 느꼈다"고 했습니다. 그리고 그 다음날 제가 학교에서 공부하고 11시 쯤 돌아왔더니 아내는 많이 울어서 눈이 충혈되어 있었습니다. 저녁에 혼자 기도하는데 입에서 이상한 말이 나와서 한 시간 이상 계속 했다며 녹음해 놓은 것을 들려주었습니다. 그때부터 이내는 하루에 한 시간 이상 방언 기도를 했고 열흘 만에 성경 전부를 다 읽었을 뿐만 아니라, 은혜 받은 구절을 표시해 두었는데 어찌나 기억이 선명하였는지 성경을 여러 번 읽었던 저보다 성경구절을 더 빨리 찾게 되었습니다. 수년 동안 믿지 못하는 아내를 전도하려고 애쓰고 예배 참여를 독려했었지만 효과를 보지 못했던 저는 아내의 변화를 보면서 성령을 받고 방언을 말하는 것이 한 사람의 삶을 어떻게 변화시키는지 깨닫게 되었습니다. 그 후에 저는 아내보다 늦게 그 교회 소그룹 모임을 통해서 방언을 말할 수 있게 되었습니다.

그리스도인의 능력은 성령의 능력입니다. 성령님과 동행하고 성령님께 의지하는 법을 배우지 않는다면 자신의 의지와 지혜만으로는 하나님의 말씀대로 살 수 없습니다. 이렇게 되면 결국 율법적인 그리스도인으로 살게 되어, 말씀과 자신의 삶과의 괴리감에 갈등을 겪게 됩니다. 이렇게 되면 점점 교회 예배와 그리스도로부터 멀어지는 삶을 살거나, 주일 예배와 일상생활, 소위 "교회생활"과 "신앙생활"이 분리된 이중적 삶을 살게 됩니다. 이렇게 살다가 부정적 환경이나 큰 사건이 계기가 되어 믿다가 낙심하여 예배는 물론 개인 신앙생활 자체를 포기하기에 이르게 됩니다. 그러므로 예수 믿고 성령을 받고 방언하는 것을 강조하지 않으면 성령의 능력으로 살 수 없습니다.

성령을 받고 방언을 말하는 것을 강조하는 오순절 운동은 1900년 미국에서 시작되어 전 세계로 퍼져나갔습니다. 20세기 초에는 우리나라에서도 1907년 전후 평양에서 부흥이 일어났던 시기입니다. 오순절 운동은 지난 100년의 역사에서 기독교의 얼굴을 바꾸어 놓았습니다. 더 이상 서양의 종교나 백인의 기독교로 머물 수 없었습니다. 지난 한 세기 동안 오순절의 영향은 현재의 기독교의 얼굴을 서양에서 동양으로, 북반구에서 남반구로, 백인종에서 유색인종으로 바꾸어 놓았습니다. 지금도 개신교의 성장은 세계적으로 볼 때는 오순절 주의 중심인 것을 확인할 수 있습니다. 루터의 종교 개혁 이래로 역사상 오순절 운동만큼 인류에게 큰 영향을 끼친 운동은 없다고 학자들은 말합니다.

그리스도인의 자녀의 구원

일반적으로 오순절교회와 침례교회에서는 유아 세례에 성경적인 근거가 없다고 봅니다. 그러나 성경을 전체적으로 보면, 그리스도인이 되는 것이 소위 "개인 구원"에 근거할 뿐 아니라, 실제로 창세기에 기록된 노아는 물론 아브라함의 가족과 자녀들의 이야기처럼, 매우 "가족 중심" 혹은 "가계 중심"의 "공동체의 믿음의 삶"에 깊은 뿌리를 내리고 있음을 발견할 수 있습니다.

사실 이런 논쟁은 사람의 자유의지보다 하나님의 절대 주권을 강조하는 "칼빈주의"와 하나님의 주권보다 자유의지를 강조하는 "알미니안주의" 사이에서 성경을 보는 두 가지 관점으로 오랜 논쟁과 변증이 있었습니다. 그러나 여기서는 "거듭남"은 개인적인 일이지만, 얼마나 "공동체적이고 운명적인지, 즉 자신의 의지보다 더 중요한 환경적 요인들"에 관계된 것인지를 살펴보려고 합니다.

"그러나 내 어머니의 태로부터 나를 택정하시고 그의 은혜로 나를 부르신 이가"(갈 1:15). 바울은 어머니의 태에 있을 때부터 하나님께서 자기를 구별해냈다고 했습니다. 하나님의 계시와 성경 말씀 그리고 자신이 살아온 삶의 여정을 통해서 하나님의 절대주권적인 선택의 경륜을 보게 되었을 때 그는 자기가 지금 여기 있는 것은 자신이 선택한 것이라기보다는, 자기 의지가 개입하기 전 즉 어머니의 태에 있을 때부터 하나님께서 택정하시고 부르셨다고 고백했습니다. 물론 바울이 예수님을 만나 극적으로 거듭나는 장면을 읽어보면 하나님의 주권이 절대적이지만, 여전히 바울은 그 만남을 통해서 마침내 그가 핍박하던 "나사렛 예수"를 주와 그리스도로 믿고 그분의 말씀에 순종하는 것을 볼 수 있습니다. 즉 그의 믿음과 결단과 순종이 그를 거듭나게 한 것입니다.

> 내가 오늘 하늘과 땅을 불러 너희에게 증거를 삼노라 내가 생명과 사망과 복과 저주를 네 앞에 두었은즉 너와 네 자손이 살기 위하여 생명을 택하고   신 30:19

반면에 위의 말씀에서는 하나님께서 내 앞에 생명과 사망과 복과 저주를 두셨다고 했습니다. 그러므로 생명과 복을 선택하는 것은 우리의 몫입니다. 나와 내 자손이 살기 위해 생명을 택해야 하는 것입니다. 하나님께서 모든 인류를 위한 구원 사역을 이미 이루신 것은 사실입니다. 그러나 오직 누구든지 복음을 듣고 예수 그리스도를 믿는 사람이 구원받는다고 했습니다. 구원은 개인의 선택, 개인의 자유의지의 결과인 것입니다.

부모 중에 한 사람만 믿는 자인 자녀의 경우에 관하여 성경은 이렇게 말하고 있습니다.

> 어떤 여자에게 믿지 아니하는 남편이 있어 아내와 함께 살기를 좋아하거든 그 남편을 버리지 말라 **믿지 아니하는 남편이 아내로 말미암아 거룩하게 되고 믿지 아니하는 아내가 남편으로 말미암아 거룩하게 되나니** 그렇지 아니하면 너희 자녀도 깨끗하지 못하니라 그러나 이제 거룩하니라　　　　　　　　　　　　고전 7:13-14

성경에서 "거룩하다"는 말은 '성별聖別' 즉 세상으로부터 분리되고 구별하여 하나님께 바쳐졌다는 뜻입니다. 구약성경에 의하면 하나님 앞에 양을 제물로 바칠 때 양의 무리 가운데 한 마리를 선택하여 제물로 드렸습니다. 즉 무리에서 구별하여 하나님께 제물로 드렸습니다. 그러므로 성별이란 구별과 헌신을 가리킵니다.

결혼은 배우자 한 사람을 선택하여 서로가 한 몸이 되도록 상대방에게 자신을 드림으로써 두 사람이 한 몸이 되는 것입니다. 위의 말씀은 믿는 배우자로 말미암아 믿지 않는 배우자가 거룩하게 되며[9], 그들의 자녀들도 역시 거룩하게 된다고 하였습니다. 여기서 우리는 믿는 배우자 한 사람을 통하여 믿지 않는 배우자와 그 자녀들에게 주신 하나님의 큰 은혜와 사랑을 볼 수 있습니다. 배우자나 성인이 된 자녀가 복음을 듣고도 믿음으로 구원을 받지는 못했어도, 이 말씀을 따라 믿음으로 기도하고 사랑으로 섬기면서 가까이서 복음의 빛을 발하면 마침내 "믿지 않는 자의 마음을 가리고 있는 마귀의 일"은 힘을 잃고 패배하게 되고, 배우자는 하나님의 자녀가 될 것이라는 믿음을 가질 수 있습니다.

같은 말씀과 믿음을 자녀들에게도 똑같이 적용할 수 있습니다.

---

9) 여기서 바울은 구약의 율법에 따른 "거룩함"의 개념을 사용하고 있는 것이지, 구원받은 "성도"가 되었다는 뜻을 의미하고 있지는 않습니다. 『독일성서공회판 해설 관주 성경전서』, 대한성서공회, 해당 주석 참조.

> 마땅히 행할 길을 아이에게 가르치라 그리하면 늙어도 그것을 떠나지 아니하리라　　　　　　　　　　　　　잠 22:6

어린아이에게 자유의지를 인정하고 마음대로 하라고 허락할 수는 없습니다. 가령 돈을 주고 네 뜻대로 사먹으라고 하면 구별할 능력이 없기 때문에 불량식품을 먹을 수도 있습니다. 그러므로 자녀가 어릴수록 자녀의 의지보다는 부모의 주권과 책임이 더 큰 것은 당연합니다. 한 아이가 예수님을 믿는 부모님에게 태어난 것은 하나님이 이미 선택하셨기 때문이라고 믿는 것입니다. 부모는 자녀와 함께 가정 예배나 지역 교회의 예배는 물론 함께 성경을 읽고 받은 은혜를 나누며, 함께 기도하고, 함께 이웃을 섬기며 복음을 전하는 삶을 살아야 합니다. 가정과 교회 공동체의 삶에 참여함으로써 하나님 나라의 사람들의 삶과 믿음을 보고 배우게 됩니다. "그리하면 늙어도 그것을 떠나지 아니하리라" 이것이 성경의 약속입니다.

이런 공동체의 삶으로서, 교회에서 예배 때 부모가 갓 태어난 자녀를 안고 와서 하나님의 사랑과 말씀으로 가르치며 양육할 것을 약속하는 것은 매우 의미 있는 일입니다. 하나님이 주신 귀한 선물인 아이를 하나님의 말씀과 훈계로 잘 양육하겠다고 하나님과 교회 앞에서 고백하며 다짐하는 것입니다. 이런 "헌아식Baby Dedication Service"은 부모의 신앙 고백과 새로운 결단과 헌신의 약속입니다. 그러나 그 어린이의 구원은 결국 본인이 성장하면서 배우고 믿는 것에 따라 확정되는 것입니다.

5장

안수

안수Laying on of hands란 "손을 얹다"라는 뜻입니다. 축복, 예언, 치유 등을 목적으로 다른 사람을 위해 기도할 때 기도하는 사람이 기도 받는 사람의 머리나 환자의 경우에는 환부에 손을 얹고 기도하였습니다. 그러나 성경에서 안수는 다음과 같은 경우에 하도록 하였으며, 그 목적과 이유를 알고 믿음으로 행할 때 안수의 목적과 유익을 누릴 수 있습니다.

한 사람이 다른 사람을 축복할 때 To bless other people

하나님이 아담과 하와를 창조하시고 복을 주실 때는 말로

하셨습니다. 아브람에게 하신 약속의 말씀도 물론 축복의 말이
었습니다.

여호와께서 아브람에게 이르시되 너는 너의 고향과 친척과 아버지
의 집을 떠나 내가 네게 보여 줄 땅으로 가라 내가 너로 큰 민족을
이루고 네게 복을 주어 네 이름을 창대하게 하리니 너는 복이 될지
라 너를 축복하는 자에게는 내가 복을 내리고 너를 저주하는 자에
게는 내가 저주하리니 땅의 모든 족속이 너로 말미암아 복을 얻을
것이라 하신지라 이에 아브람이 여호와의 말씀을 따라갔고 롯도
그와 함께 갔으며 아브람이 하란을 떠날 때에 칠십오 세였더라

창 12:1-4

그러나 하나님의 축복을 받은 사람이 다른 사람을 축복할 때는
그 사람을 가까이 하여 축복의 말을 하는 것을 볼 수 있습니다. 이
삭은 아들 야곱을 이렇게 축복하였습니다.

그의 아버지 이삭이 그에게 이르되 내 아들아 가까이 와서 내게 입
맞추라 그가 가까이 가서 그에게 입맞추니 아버지가 그의 옷의 향
취를 맡고 그에게 축복하여 이르되 내 아들의 향취는 여호와께서

복 주신 밭의 향취로다 하나님은 하늘의 이슬과 땅의 기름짐이며 풍성한 곡식과 포도주를 네게 주시기를 원하노라 만민이 너를 섬기고 열국이 네게 굴복하리니 네가 형제들의 주가 되고 네 어머니의 아들들이 네게 굴복하며 너를 저주하는 자는 저주를 받고 너를 축복하는 자는 복을 받기를 원하노라　　　창 27:26-29

야곱이 늙어 사람을 잘 구별할 수 없게 되었을 때 요셉의 두 아들인 므낫세와 에브라임에게 축복할 때는 손을 펴서 머리 위에 얹고 축복하였습니다. 야곱은 요셉의 두 아들을 이렇게 축복하였습니다.

이스라엘이 오른손을 펴서 차남 에브라임의 머리에 얹고 왼손을 펴서 므낫세의 머리에 얹으니 므낫세는 장자라도 팔을 엇바꾸어 얹었더라　　　창 48:14

옛 언약을 따라 율법이 명령한 대로 죄를 전이할 때 To transmit sin

속죄를 위하여 제물에게 안수할 때 안수하는 사람의 죄가 제물에 전이되어 죄값을 대신 치르도록 인정한 것이 구약의 속죄 제사였습니다.

> 그는 번제물의 머리에 안수할지니 그를 위하여 기쁘게 받으심이 되어 그를 위하여 속죄가 될 것이라 　　　　　　　　레 1:4

> 그 송아지를 속죄제의 수송아지에게 한 것 같이 할지며 제사장이 그것으로 회중을 위하여 속죄한즉 그들이 사함을 받으리라
> 　　　　　　　　　　　　　　　　　　　　　　　레 4:20

새 언약 아래서 모든 사람의 죄는 예수 그리스도께 전이되었습니다. 이제 사람은 자신의 죄를 다른 동물이나 사람에게 전이할 수 없습니다. 대제사장으로 오신 예수 그리스도께서는 죄인인 인류를 위한 속량제물이 되셔서 단 한 번 "이 창조에 속하지 아니한 지성소"에 들어가 인류를 대신하여 자신의 피를 뿌리심으로 영원한 속죄의 제사를 단번에 영원히 마치셨습니다. 이제 모든 사람은 이 새 언약을 믿음으로 죄 사함을 받고, 하나님의 의를 선물로 받게 되어 의로운 하나님의 자녀로 거듭날 수 있게 되었습니다.

인자가 온 것은 섬김을 받으려 함이 아니라 도리어 섬기려 하고 자기 목숨을 많은 사람의 대속물로 주려 함이니라　　막 10:45

그리스도께서는 장래 좋은 일의 대제사장으로 오사 손으로 짓지 아니한 것 곧 이 창조에 속하지 아니한 더 크고 온전한 장막으로 말미암아 염소와 송아지의 피로 하지 아니하고 오직 자기의 피로 영원한 속죄를 이루사 단번에 성소에 들어가셨느니라　　히 9:11-12

새 언약에 따라 성도가 성령을 받도록 기도할 때 To receive the Holy Spirit

거듭난 사람이 성령을 받고 방언을 말하도록 가르치고 믿음으로 행하도록 도와줄 때 반드시 안수가 필요하지는 않습니다. 그러나 성경은 안수할 때 성령을 받고 방언을 말하는 중요한 장면들을 기록하고 있습니다. 그러므로 성령을 받도록 성도를 도와줄 때 안수하고 기도하는 것은 신약의 교회에서 일반적인 일이었던 것 같습니다.

예루살렘에 있는 사도들이 사마리아도 하나님의 말씀을 받았다 함을 듣고 베드로와 요한을 보내매 그들이 내려가서 그들을 위하여 성령 받기를 기도하니 이는 아직 한 사람에게도 성령 내리신 일이 없고 오직 주 예수의 이름으로 침례만 받을 뿐이더라 이에 두 사도가 그들에게 안수하매 성령을 받는지라 시몬이 사도들의 안수로 성령 받는 것을 보고 돈을 드려 이르되 이 권능을 내게도 주어 누구든지 내가 안수하는 사람은 성령을 받게 하여 주소서 하니 베드로가 이르되 네가 하나님의 선물을 돈 주고 살 줄로 생각하였으니 네 은과 네가 함께 망할지어다   행 8:14-20

아나니아가 떠나 그 집에 들어가서 그에게 안수하여 이르되 형제 사울아 주 곧 네가 오는 길에서 나타나셨던 예수께서 나를 보내어 너로 다시 보게 하시고 성령으로 충만하게 하신다 하니   행 9:17

바울이 이르되 요한이 회개의 침례를 베풀며 백성에게 말하되 내 뒤에 오시는 이를 믿으라 하였으니 이는 곧 예수라 하거늘 그들이 듣고 주 예수의 이름으로 침례를 받으니 바울이 그들에게 안수하매 성령이 그들에게 임하시므로 방언도 하고 예언도 하니

행 19:4-6

영적인 은사를 전이할 때 To impart spiritual gifts and anointing

구약시대에는 하나님께서 주권적으로 직접 필요한 사람에게 하나님의 영이 임하도록 하였지만, 어떤 경우에는 하나님의 사람을 통하여 지시한 사람에게 안수하여 특별한 영이 전이되도록 한 것을 볼 수 있습니다.

> 이에 사무엘이 기름병을 가져다가 사울의 머리에 붓고 입맞추며 이르되 여호와께서 네게 기름을 부으사 그의 기업의 지도자로 삼지 아니하셨느냐
> 삼상 10:1

> 그 후에 네가 하나님의 산에 이르리니 그 곳에는 블레셋 사람들의 영문이 있느니라 네가 그리로 가서 그 성읍으로 들어갈 때에 선지자의 무리가 산당에서부터 비파와 소고와 저와 수금을 앞세우고 예언하며 내려오는 것을 만날 것이요 네게는 여호와의 영이 크게 임하리니 너도 그들과 함께 예언을 하고 변하여 새 사람이 되리라
> 삼상 10:5-6

> 그의 위에 여호와의 영 곧 지혜와 총명의 영이요 모략과 재능의

영이요 지식과 여호와를 경외하는 영이 강림하시리니   사 11:2

모세가 눈의 아들 여호수아에게 안수하였으므로 그에게 지혜의 영이 충만하니 이스라엘 자손이 여호와께서 모세에게 명령하신 대로 여호수아의 말을 순종하였더라   신 34:9

신약시대에는 거듭난 사람만이 성령을 받을 수 있고 성령을 받은 그리스도인들에게는 성령이 그분의 뜻대로 원하는 사람들에게 "성령의 은사의 나타남"을 주십니다. 성령을 받은 사람은 그의 거듭난 영과 하나님의 영이 하나가 되었으므로, 본질적으로 성령의 본성과 특징과 능력까지 소유하고 있습니다. 그러나 자신이 받은 성령이 자신을 통하여 "나타나는 은사들"은 하나님의 영이신 성령께서 주도적으로 자신의 의지를 따라 주시는 선물입니다.

또 사역은 여러 가지나 모든 것을 모든 사람 가운데서 이루시는 하나님은 같으니 각 사람에게 성령을 나타내심은 유익하게 하려 하심이라 어떤 사람에게는 성령으로 말미암아 지혜의 말씀을, 어떤 사람에게는 같은 성령을 따라 지식의 말씀을, 다른 사람에게는 같은 성령으로 믿음을, 어떤 사람에게는 한 성령으로 병 고치는 은사를,

어떤 사람에게는 능력 행함을, 어떤 사람에게는 예언함을, 어떤 사람에게는 영들 분별함을, 다른 사람에게는 각종 방언 말함을, 어떤 사람에게는 방언들 통역함을 주시나니 이 모든 일은 같은 한 성령이 행하사 그의 뜻대로 각 사람에게 나누어 주시는 것이니라

고전 12:6-11

그러나 어떤 사람이 이미 하나님으로부터 받은 어떤 특별한 "성령의 은사의 나타남"은 그 사람이 다른 사람에게 나누어 줄 수 있음을 아래 성경 구절은 증거하고 있습니다. 구체적으로 바울이 로마에 직접 가서 로마의 성도들을 만났을 때 그가 받은 복음과 진리를 가르치는 것은 물론, 그들에게 "어떤 영적인 은사"를 나누어 주어 그들을 견고하게 하려고 했습니다. 후에 디모데에게 쓴 편지의 내용으로 미루어보아, 바울은 그들에게 이 은사들을 나누어 주려고 안수하였을 것으로 짐작할 수 있습니다.

내가 너희 보기를 간절히 원하는 것은 어떤 신령한 은사를 너희에게 나누어 주어 너희를 견고하게 하려 함이니 이는 곧 내가 너희 가운데서 너희와 나의 믿음으로 말미암아 피차 안위함을 얻으려 함이라

롬 1:11-12

그러므로 내가 나의 안수함으로 네 속에 있는 하나님의 은사를 다시 불 일 듯하게stir up, rekindle into flame 하기 위하여 너로 생각하게 하노니recall and be encouraged by the prophecies   딤후 1:6

네 속에 있는 은사 곧 장로의 회에서 안수 받을 때에 예언을 통하여 받은 것을 가볍게 여기지 말며   딤전 4:14

바울은 디모데에게 안수함으로 그 속에 있는 하나님의 은사를 불 일 듯하게 하도록 권면하고 있습니다. 이미 받은 은사를 잠재우지 말고 활성화하라는 말입니다.

사역에 필요한 지도자를 세울 때To appoint church officers

모세가 이 세상을 떠날 때가 가까워지자 자신의 자리에서 사역을 계속할 후계자를 구할 때 하나님께서는 눈의 아들 여호수아에게 안수하고 그를 새 지도자로 세우도록 하셨습니다.

여호와께서 모세에게 이르시되 눈의 아들 여호수아는 그 안에 영이 머무는 자니 너는 데려다가 그에게 안수하고 그를 **제사장 엘르아살과 온 회중 앞에 세우고 그들의 목전에서 그에게 위탁하여 네 존귀를 그에게 돌려 이스라엘 자손의 온 회중을 그에게 복종하게 하라**
민 27:18-20

모세가 여호와께서 자기에게 명령하신 대로 하여 여호수아를 데려다가 제사장 엘르아살과 온 회중 앞에 세우고 그에게 안수하여 위탁하되 여호와께서 모세에게 명령하신 대로 하였더라
민 27:22-23

예수님은 제자들에게 안수가 아니라 오히려 그들과 함께 사셨습니다. 십자가의 죽음 이전에는 이렇게 물리적으로 시간적으로 가까이 함께 사셨지만, 부활하신 후에는 말씀으로 그들을 축복하시고, 약속하시고, 명령하셨습니다. 그 말씀대로 예루살렘을 떠나지 않고 기다리던 제자들에게 성령이 오순절 날 내려오셨습니다. 그들은 모두 성령으로 충만히 채워져서 능력을 받게 되었습니다. 하나님의 아들이 오셔서 택하시고 부르시고 함께 사시며 가르치시고 명령하시고 떠나셨습니다. 그러나 약속대로 그들은 성령을 받음으로 위로부터 능력을 받아 그때부터 땅 끝까지

이르러 예수 그리스도의 증인이 되어 복음을 전했습니다.

신약성경에는 주님께서 부르시고 세우시고 파송한 열두 제자들로 시작한 교회가 점점 그 숫자가 늘어남으로 섬기는 일꾼들이 필요하게 되자 이런 일을 할 수 있는 사람들을 세울 때 사도들이 그들에게 기도하고 안수하는 것을 볼 수 있습니다.

그 때에 제자가 더 많아졌는데 헬라파 유대인들이 자기의 과부들이 매일의 구제에 빠지므로 히브리파 사람을 원망하니 열두 사도가 모든 제자를 불러 이르되 우리가 하나님의 말씀을 제쳐 놓고 접대를 일삼는 것이 마땅하지 아니하니 형제들아 너희 가운데서 성령과 지혜가 충만하여 칭찬 받는 사람 일곱을 택하라 우리가 이 일을 그들에게 맡기고 우리는 오로지 기도하는 일과 말씀 사역에 힘쓰리라 하니 온 무리가 이 말을 기뻐하여 믿음과 성령이 충만한 사람 스데반과 또 빌립과 브로고로와 니가노르와 디몬과 바메나와 유대교에 입교했던 안디옥 사람 니골라를 택하여 **사도들 앞에 세우니 사도들이 기도하고 그들에게 안수하니라**   행 6:1-6

안디옥 교회에서 처음으로 바나바와 사울을 따로 세워 두 사람에게 안수하여 보내는 것을 볼 수 있습니다. 성령님께서 교회의 사명을 이루기 위하여 복음을 남은 세상에 전하도록 그들을 보내셨고, 교회는 금식하며 기도하고 그들에게 안수하여 보냈습니다.

안디옥 교회에 선지자들과 교사들이 있으니 곧 바나바와 니게르라 하는 시므온과 구레네 사람 루기오와 분봉 왕 헤롯의 젖동생 마나엔과 및 사울이라 주를 섬겨 **금식할 때에 성령이 이르시되 내가 불러 시키는 일을 위하여 바나바와 사울을 따로 세우라 하시니 이에 금식하며 기도하고 두 사람에게 안수하여 보내니라** 행 13:1-3

바울은 아시아 지역에 복음을 전하여 교회를 세우게 되었으며 자신이 세운 교회를 떠날 때는 그들 중에서 장로들을 택하여 세웠으며, 디모데에게도 디도에게도 각 성 즉 각 지역 교회마다 장로들을 세우도록 가르쳤습니다.

각 교회에서 장로들을 택하여 금식 기도 하며 그들이 믿는 주께 그들을 위탁하고 행 14:23

내가 너를 그레데에 남겨 둔 이유는 남은 일을 정리하고 내가 명한 대로 각 성에 장로들을 세우게 하려 함이니 딛 1:5

그러나 이런 집사나 장로들은 반드시 그 교회에서 성도들 가운데 여러 가지 사전 검증이 이루어져야 함을 확실히 밝혔습니다. 디모데전서 3장에는 이렇게 세울 집사와 장로의 자격 요건을 자세하게 밝혀주고 있습니다.

> 이에 이 사람들을 먼저 시험하여 보고 그 후에 책망할 것이 없으면 집사의 직분을 맡게 할 것이요 딤전 3:10

스스로 누군가의 제자가 되어 훈련 받고 부름 받고 세움을 받아서, 이제 자신도 영혼을 구원하고 양육하여 제자로 삼을 수 있는 사람이 교회의 일꾼이 되어야 마땅합니다. 자신은 믿음으로 살지 못하면서 단지 신학교에서 배운 성경 지식을 중심으로 설교하고 가르치는 것으로는 능력 없는 종교인을 이끌 수는 있어도 살아 있는 교회를 세울 수는 없습니다. 교회는 교리를 배우는 것은 시작이요 말씀과 성령의 능력으로 사는 것을 배우는 훈련소이자 삶이기 때문입니다. 그러므로 안수는 철저히 개 교회 중심으로 인격과 열매로 검증된 사람들에게 사역의 필요를 따라 일꾼을 세우는 신약 성경의 원리를 따라 해야 할 것입니다.

교회에서 집사와 셀리더를 세울 때나 어떤 사역자를 세워 사역을 맡길 때는 담임 목사가 성도들 앞에서 기도하고 안수해서 세워야 합니다. 회중들이 그를 그 직분에 합당한 자로 여기도록 공적으로 인정하고 소개하기 위해서입니다. 또 맡은 일을 하는 데에 필요한 영적 은혜와 지혜를 전이시켜 주기 위해서 입니다. 뿐만 아니라 "하나님과 교회 앞에서 당신은 당신에게 맡겨진 이 영혼들을 돌보는 작은 목자로서 셀리더의 역할을 감당해야 합니다"라고 하나님께 공개적으로 맡기는 의미도 있습니다.

병을 고칠 때 To heal the sick

신약성경에서 안수는 치유 사역을 위해 사용되는 경우가 많습니다.

> 해 질 무렵에 사람들이 온갖 병자들을 데리고 나아오매 예수께서 일일이 그 위에 손을 얹으사 고치시니 　　　　　　눅 4:40

> 예수를 죽은 자 가운데서 살리신 이의 영이 너희 안에 거하시면 그리스도 예수를 죽은 자 가운데서 살리신 이가 너희 안에 거하시는

그의 영으로 말미암아 너희 죽을 몸도 살리시리라 롬 8:11

믿는 자들에게는 이런 표적이 따르리니 곧 그들이 **내 이름으로 귀신을 쫓아내며 새 방언을 말하며** 뱀을 집어올리며 무슨 독을 마실지라도 해를 받지 아니하며 **병든 사람에게 손을 얹은즉 나으리라** 하시더라 막 16:17-18

병든 사람에게 기도할 때는 "손을 얹는 것"으로 충분합니다. 다른 사람을 안수할 때 힘을 주어 누르거나, 세워 놓고 이마를 밀거나, 눕혀 놓고 단전 부위를 누르거나, 갑자기 큰 소리를 내며 기도하는 것은 성경에도 없고 무익한 육신적인 노력일 뿐임을 알아야 합니다. 성경은 단순한 믿음의 기도를 하라고 말하고 있습니다.

너희 중에 병든 자가 있느냐 그는 교회의 장로들을 청할 것이요 그들은 **주의 이름으로 기름을 바르며 그를 위하여 기도할지니라 믿음의 기도는 병든 자를 구원하리니** 주께서 그를 일으키시리라 혹시 죄를 범하였을지라도 사하심을 받으리라 약 5:14-15

또 병든 사람이 있으면 장로들을 청하여 기름을 바르고 기도

하라 즉 안수하라고 했습니다. 손이라는 특정한 신체 부위에 치유의 능력이 있어서가 아니라 손이 접촉점의 역할을 담당하는 것입니다. 접촉점이라는 것은 성령의 역사에서 매우 오묘한 원리입니다. 예수님께서 지상에서 사역하실 때에도 손을 얹으셔서 축복하시고 병을 낫게 하셨을 뿐만 아니라, 실제로 예수님의 옷자락에만 손을 대어도 병이 나을 것을 믿고 그렇게 해서 병이 나은 여인의 이야기에서도 믿음의 행위에서 접촉하는 것의 중요성을 알 수 있습니다.

그러나 백부장의 경우는 길에서 마주친 예수님께 "말씀만 하실 것"을 구하였고, 주님은 그의 믿음의 수준대로 말씀하심으로 딸의 병이 낫도록 하셨습니다. 그러므로 손을 얹는 것은 절대적인 진리가 아니라, 혜택을 입는 사람의 믿음의 수준에 맞도록 주님께서 활용하시는 수단일 뿐인 것을 알 수 있습니다. 마가복음 16장 18절의 말씀처럼 "손을 얹은 즉 나으리라"로 충분합니다. 신약성경에서는 오직 야고보서에서만 "장로들이 기름을 바르는 것"을 언급했는데, 이는 예루살렘 교회의 지도자로서 유대인을 대상으로 사역을 하던 야고보의 입장과 기독교가 유대교에서 제대로 분리가 되지 않았던 초기의 상황을 반영한 것으로 보아야 할 것입니다.

회당장 중의 하나인 야이로라 하는 이가 와서 예수를 보고 발 아래 엎드리어 간곡히 구하여 이르되 내 어린 딸이 죽게 되었사오니 **오셔서 그 위에 손을 얹으사 그로 구원을 받아 살게 하소서** 하거늘 이에 그와 함께 가실새 큰 무리가 따라가며 에워싸 밀더라 열두 해를 혈루증으로 앓아 온 한 여자가 있어 많은 의사에게 많은 괴로움을 받았고 가진 것도 다 허비하였으되 아무 효험이 없고 도리어 더 중하여졌던 차에 예수의 소문을 듣고 무리 가운데 끼어 뒤로 와서 **그의 옷에 손을 대니** 이는 내가 그의 옷에만 손을 대어도 구원을 받으리라 생각함일러라 이에 그의 혈루 근원이 곧 마르매 병이 나은 줄을 몸에 깨달으니라 예수께서 그 능력이 자기에게서 나간 줄을 곧 스스로 아시고 무리 가운데서 돌이켜 말씀하시되 누가 내 옷에 손을 대었느냐 하시니 제자들이 여짜오되 **무리가 에워싸 미는 것을 보시며 누가 내게 손을 대었느냐 물으시나이까** 하되 예수께서 이 일 행한 여자를 보려고 둘러 보시니 여자가 자기에게 이루어진 일을 알고 두려워하여 떨며 와서 그 앞에 엎드려 모든 사실을 여쭈니 예수께서 이르시되 딸아 네 믿음이 너를 구원하였으니 평안히 가라 네 병에서 놓여 건강할지어다   막 5:22-34

그러나 여기서 확실히 알아야 할 것은 내가 가지고 있는 은사를 다른 사람에게 전부 전이해 주려고 해도, 문제는 받는 사람의 믿음의 분량대로 받아갈 수 있다는 것입니다. 바닷물이 눈앞에 있어도 컵을 가지고 있으면 컵만큼, 양동이를 가지고 있으면 양동이만큼 물을 담을 수 있는 것과 같습니다. 안수의 중요한 두 가지 원리는 은사를 나누어 주려고 하는 사람이 원하여 그런 성령의 역사와 기름부음이 풀려나도록 허락하는 것과 그것을 사모하고 받는 사람이 얼마나 적극적으로 믿음으로 취하느냐는 것입니다.

마지막으로 중요한 것은 어떤 경우로 안수를 받았든지, 안수보다는 영의 원리, 말씀의 원리, 믿음의 원리가 작용하도록 하는 것입니다. 그러므로 이 영적 원리가 받는 사람에게 지속적으로 역사하려면 자신이 믿는 말씀과 자신의 믿음이 필요합니다.

> 또 우리 형제들이 어린 양의 피와 자기들이 증언하는 말씀으로써 그를 이겼으니 그들은 죽기까지 자기들의 생명을 아끼지 아니하였도다 계 12:11

여기서 "어린 양의 피"는 예수 그리스도의 구원 사역 전체를 말하는 것이고 "자기들이 증언하는 말씀"은 하나님 말씀의 진리를 믿음으로 고백하는 것을 뜻합니다. 구원을 얻는 믿음은 사단의 모든 역사를 이길 수 있습니다. "어린 양의 피"는 단번에 영원한 속죄를 이루신 주님이 흘리신 피를 말합니다. 우리는 마귀의 일을 멸하신 예수 이름의 공로를 힘입어서 마귀를 이길 수 있습니다.

안수를 받은 사람은 이와 같은 하나님의 약속의 말씀을 붙잡고 그 믿음을 지속하는 것이 중요합니다. 안수 받는 순간에 내 안의 성령의 기름부음과 치유의 역사가 일어나서 나는 나았다는 것을 믿고 선포하고 하나님께 감사해야 합니다. 만약 그렇게 하지 않고 기름부음이 있다는 사람을 의지하여 여기저기 찾아다니며 소위 기름부음이 강한 사역자들을 찾아 그들의 안수를 받는 것에 치우치다 보면 하나님과 말씀을 믿는 믿음에서 떠나 사람을 의지하는 심각한 문제에 빠지기 쉽습니다. 하나님의 말씀과 성령을 의지하는 것 이외에 모든 것은 우리의 믿음의 근거가 될 수 없기 때문입니다.

6장

산 자와 죽은 자의 부활과 영원한 심판

　복음을 정확하게 듣지 못한 채 예배당에만 오가며 종교생활하는 사람들이 터무니없는 이단에 속아 빠져드는 것을 볼 수 있습니다. 이런 이단들의 대부분은 바로 요한계시록의 내용을 왜곡하여 만든 이론을 가지고 그것을 믿고 따르지 않으면 지옥에 긴다고 하면서 사람들을 미혹합니다. 즉 아직도 그리스도인으로서 기본적인 복음에 대한 지식이 없어서 구원에 대한 확신이 없거나 사후 세계에 대한 막연한 불안감과 두려움을 가진 사람들을 속입니다.

　요한계시록은 요한이 환상으로 본 것을 기록한 내용이기 때문에 대부분 비유와 상징으로 표현되어 있습니다. 이 점을 악용하여 자의적으로 해석하는 것이 문제입니다. 뿐만 아니라 구원에 관한 정확한 성경적 지식이 없어서 믿음의 근거가 불확실한 신자들은 예수를 믿어도 자신들이 알고 있는 진리를 알고 행하지 않으면 그리스도인도 지옥에 간다는 말에 두려움을 갖기 쉽습니다.

구원의 확신이 없이 늘 막연한 죄책감 아래 살며, 예배, 십일조와 헌금, 봉사는 기쁨이 아니라 의무가 되고, 열심과 헌신의 부족함을 질책하는 도덕적, 율법적, 이론적 설교를 들으며 사는 종교인 수준의 그리스도인이 실제로 너무나 많습니다.

어떤 요약된 복음 제시 도구를 사용하거나 단순히 성경 몇 구절을 사용하여 간단하게 복음을 전하고 영접기도를 따라 하게 하는 것은 매우 효과적인 구령의 수단입니다. 이에 대해서도 비판적인 사람들은 이런 복음 제시와 이에 따른 영접기도가 성경을 너무 단순화하고 "영접기도를 따라함으로써 구원을 받도록 하는 것"은 좁은 문으로 들어가기를 힘쓰라고 하신 그리스도인으로서의 제자의 삶을 왜곡했다고 주장합니다. 그들은 "제자의 삶"을 강조하면서 이런 유의 모든 "전도지"와 "영접기도"를 폄하합니다. 그러나 실제로 지난 반세기가 넘도록 여러 가지로 발전된 "복음 제시"를 위한 전도지들이 기독교 이천 년 역사 가운데 탁월한 발명품이라는 증거는 수없이 있습니다. 제임스 케네디 목사의 "전도 폭발 전도지", 빌 브라이트 목사의 "사 영리", 네비게이토의

"다리 전도지", 티 엘 오스본 목사의 "하나님의 큰 그림" 등을 이용한 선교단체와 교회의 열매는 하나님만이 정확히 알고 계실 것입니다. 또한 영상을 활용한 CCC의 "예수" 영화를 통한 전도로 결신한 성도들의 수는 주님만이 정확히 알고 계실 것입니다. 전도의 현장에서 이 단순한 영접기도가 한 영혼을 거듭나게 하고 변화를 가져오는 것을 지켜보는 것은 오직 성령의 역사임을 인정하지 않을 수 없습니다.

기독교 역사는 이 단순한 그리스도의 기본 교리가 감추어졌을 때 성도들은 힘을 잃고 종교와 미신 수준으로 전락하게 된 것을 보여 주고 있습니다. "죽은 행실에서 회개하고, 하나님에 대한 믿음"을 역설한 마틴 루터는 이 첫 번째 교리를 회복시켰습니다. 중세 교회가 그렇게 타락했던 이유 중에 하나는 바로 이 단순한 첫 번째 그리스도의 교리를 지버리고, 사람의 행위라는 온갖 종교의 식과 교리들을 덧붙여 놓았기 때문이었습니다. 마침내 면죄부 판매라는 탐욕과 정치의 산물이 버젓하게 성행하였고, 이에 대한 성경적인 반론이 바로 그가 비텐버그 교회의 문에 써서 붙였던 "95개 조항의 반박문"이었습니다.

이렇게 많은 사람들을 오랫동안 속일 수 있었던 이유 중에 하나는 성도들이 성경을 가질 수 없었기 때문이며, 그나마 희귀한 성경은 라틴어로만 번역이 되어 있어서 특별한 교육을 받은 소위 성직자 계급만이 읽을 수 있는 성직자 독점물이었기 때문이었습니다. 그러나 이제는 성경도 구하기 쉽고 설교나 성경 공부 도구도 많아졌지만 정확한 복음을 듣기가 오히려 더 어려운 정보화 홍수 시대가 되었습니다. 그래서 정확한 복음을 듣는 것은 결국 성경에 근거한 믿음을 갖기 위해 스스로 배우고 확신하는 성도의 몫이 되었습니다. 그런데 많은 그리스도인들이 성경을 읽고 공부하며 적용하는 데는 관심이 없고 주일날 예배 때 설교 한 번 듣고 잊어버리는 종교생활로 만족하고 있습니다. 지식이 없는 성도는 마귀의 거짓말에 속을 수밖에 없습니다.

  지금은 일반인에게 학교 공부가 허용되지 않고, 라틴어 성경마저도 구하기 어렵고, 인쇄 기술도 발명되지 않았던 종교 개혁 이전 시대가 아닙니다. 지금은 모국어로 번역된 수많은 번역본을 저렴하게 구할 수 있는 시대입니다. 그럼에도 불구하고 성경을 스스로 공부하고 성령의 확신으로 지혜와 계시를 받은 성도가 적은 것은 전적으로 그리스도인 개인의 책임이 되었습니다.

  성경을 읽고 공부하며 묵상하는 데는 필요한 시간과 관심을 기울이지 않고, 영적인 갈망을 윤리적인 설교나 천국과 지옥에 대한 간증으로 채우려고 하는 것으로는 자신의 믿음을 튼튼히 할 수 없습니다. 특히 개인적인 신비한 체험을 성경적인 경험이나 본인에게 주시는 메시지로만 인식하는 것을 넘어서게 되면 꿈과 환상과 입신을 추구하는 신비주의에 빠지게 됩니다. 이런 신비주의는 하늘에서 오는 특별한 계시가 있는 것으로 믿게 하거나, 개인 혹은 단체를 우상화하고 정당성을 부여하는데 이용되기도 합니다. 이런 것들은 결국 성경과 성령의 역사를 통하여 믿음으로 사는 그리스도인의 관심과 에너지를 잘못된 방향으로 인도할 뿐입니다.

앞으로 일어날 일이나 천국과 지옥에 대한 지나친 관심과 궁금증은 결국 지금 이 땅에서 내가 당면하고 있는 문제나 우리에게 맡겨진 주님의 사명을 이루는 데 도움이 되지 못하고 오히려 열매 없는 일에 관심을 두고 무익한 변론만 조장할 뿐입니다. 기본이 되고 핵심이 되는 그리스도의 교리만 정확히 세워져 있다면 그 밖의 일들은 믿음으로 살아가면 해결됩니다. 병을 고치고 전도하고 교회를 세우고 성령의 능력이 나타나도록 하는 데에 초점을 맞추어야 합니다. 말씀대로 내 삶 가운데 되어지는가, 성경적인 열매가 있는가, 성령의 역사가 나타나는가, 영혼을 구원하고 구비시키고 있는가, 그리스도의 교회를 세우는 중요한 일을 하고 있는가, 오직 이런 것들이 우리의 관심이 되어야 합니다.

하나님의 본성nature과 영원eternity

주여 주는 대대에 우리의 거처가 되셨나이다 산이 생기기 전, 땅과 세계도 주께서 조성하시기 전 곧 **영원부터 영원까지 주는 하나님 이시니이다**
시 90:1-2

영원은 시간과는 다른 하나님 고유의 존재 방법mode of being입니다. 위의 말씀에서 "영원부터 영원까지"라는 표현은 하나님은 시간으로 제한할 수 없는 분이라는 뜻입니다. 또 주님이 우리가 사는 거처가 되었다는 말은 예수님의 부활과 승천으로 말미암아 우리가 그리스도 안에 거하는 자가 될 수 있도록 하심으로써 우리도 그 수준의 존재로 살 수 있게 되었다는 말입니다.

하나님이 모든 것을 지으시되 때를 따라 아름답게 하셨고 또 사람들에게는 **영원을 사모하는 마음**을 주셨느니라 그러나 하나님이 하시는 일의 시종을 사람으로 측량할 수 없게 하셨도다
[KJV] he hath **set the world** in their heart
[NIV] He has **also set eternity** in the hearts of men
전 3:11

위의 말씀을 킹제임스KJV 성경으로 보면 "그는 심령 가운데 세상을 두셨다"라고 했습니다. 또 NIV 성경에서는 "그는 또한 사람의 심령 가운데 영원을 두셨다"라고 했습니다. 하루살이는 '내일'이라는 개념을 이해할 수 있는 능력이 없고 경험할 수도 없을 것입니다. 유한한 생명을 가진 인간이 어떻게 영원을 이해할 수 있겠습니까? 시간과 공간의 제약 속에서 태어나 살다가 한 줌의 흙으로 돌아가는 인간이 어떻게 천국과 지옥을 이해할 수 있도록 설명할 수 있겠습니까? 우리가 알고 있는 시간과 공간의 개념이나 과학 상식을 가지고서는 하나님의 존재도 천국과 지옥도 이해할 수 없고 믿을 수도 없습니다. 그러나 성경은 하나님께서 인간의 심령에 영원을 사모하는 마음을 두셨다고 말합니다. 죽음 이후에 일어나는 일에 대해 고민하는 피조물은 오직 인간뿐입니다. 많은 사람들이 젊었을 때는 "나는 무신론자입니다. 나는 신을 믿지 않습니다."라고 하다가 나이가 들어 죽음이 가까워 오면 유신론자가 되거나 적어도 사후 세계에 대해 생각하고 염려하게 됩니다. 죽으면 그것으로 끝이고 천국과 지옥도 없다고 생각하면 두려워할 것이 없을 것입니다. 그런데 왜 천국과 지옥에 대한 이야기는 끊이지 않고 사람들은 수많은 종교를 만들었을까요? 그 이유는 하나님이 인간을 창조하실 때 자신의 형상을 따라 영적인 존재로 지으셨기 때문입니다. 그렇기 때문에 인간은 영원을 상상할 수도 있고 알고자 하는 끝없는 갈망도 가지고 있습니다. 인간의 심령 가운데 "영원을 사모하는 마음"을 두셨다는 말씀이야말로 인간만이 영원한 하나님과 교통할 수 있는 "하나님의 형상"을 따라 만들어졌다는 증거입니다.

주 하나님이 이르시되 나는 **알파와 오메가라** 이제도 있고 전에도 있었고 장차 올 자요 전능한 자라 하시더라
[KJV] I am Alpha and Omega, the beginning and the ending, saith the Lord, **which is, and which was, and which is to come,** the Almighty.
[NLT] I am the one **who is, who always was, and who is still to come,** the Almighty One. 계 1:8

하나님께서는 "있고which is" "있었고which was" "있을which is to come" 존재입니다. 다시 말해 과거에 있었고 현재에 있고 앞으로 있을 존재입니다. 우리가 알고 있는 시간의 개념을 가지고 설명한 것입니다. 하나님께서는 과거와 현재와 미래를 초월하여 존재하십니다. 그러나 우리는 현재에만 존재합니다. 우리는 현재에

살면서 과거는 우리의 기억 속에 존재할 뿐이요, 미래는 현재 상상하는 것입니다. 그러나 하나님은 "나는 알파와 오메가다"라고 말씀하십니다.

[한글킹제임스] 하나님께서 모세에게 말씀하시기를 "**나는 곧 나니라.**" 하시고, 또 말씀하시기를 "**너는 이스라엘의 자손들에게 이같이 말할지니 '나이신 분[개역성경 '스스로 있는 자']께서 나를 너희에게 보내셨다.' 하라.**" 하시니라.
[KJV] And God said unto Moses, I AM THAT I AM: and he said, Thus shalt thou say unto the children of Israel, I AM hath sent me unto you.
[NLT] God replied, "I AM THE ONE WHO ALWAYS IS. Just tell them, 'I AM has sent me to you.'"   출 3:14

위의 출애굽기 말씀은 하나님께서 자신의 이름을 처음으로 소개하시는 장면입니다. 모세가 "누가 나를 보냈다고 할까요?"라고 물으니 하나님께서 "I AM THAT I AM"이라고 대답하십니다. 이를 한글성경에서는 "스스로 있는 자" 혹은 "나는 곧 스스로 존재하는 자니라" 등으로 번역했습니다. "I AM이 보냈다고 해라"는 무슨 뜻입니까? 존재하는 모든 것은 창조주이신 하나님의 피조물이지만 하나님께서는 그 누가 창조한 존재가 아니라 스스로 계신 존재라는 뜻입니다. 위의 한글킹제임스 성경을 보면 하나님께서 모세에게 자신을 가리켜 "나는 곧 나니라" 그리고 "나이신 분"이라고 하셨습니다. 그분은 유일하게 창조자의 차원, 즉 우리 피조물들과는 다른 차원에 계십니다. 그러므로 성경말씀을 통해 우리는 하나님께서 창조주이심을 인정하지 않을 수 없으며 우리 피조물의 제한된 능력을 가지고서 하나님을 다 알 수 없음을 깨닫게 됩니다.

- **하나님은 시간의 변화에 따라 영향을 받거나 변하는 분이 아니시다**

하나님은 시간과 공간의 제한을 받지 않기 때문에, 우리가 이해하고 있는 시간과 공간의 개념으로 정의할 수 없는 분입니다. 현대 과학에서도 이것을 어느 정도 찾아냈다고 할 수 있습니다. 상대성 이론은 시간과 공간은 서로 불가분의 관계로 존재하므로 독립적으로 존재하거나 정의할 수 없다는 전제를 기초로 합니다. 이것은 곧 시간과 공간을 초월하는 세계가 존재한다는 것을 뒷받침해줍니다.

• 영원으로부터 하나님은 현재 세상을 창조하셨다

모든 피조물은 시간에 종속되어 있습니다. 그러나 하나님의 세계는 시간에 전혀 제한을 받지 않습니다. 성경은 말합니다. "보이는 것은 나타난 것으로 말미암아 된 것이 아니니라"(히 11:3). 보이지 않는 세계 즉 영적인 세계에서 비롯된 것이 눈에 보이는 세계로 나타나는 것입니다. 그래서 예수 그리스도의 부활은 단순히 죽었다가 살아난 사건이 아니라 영원한 세계의 차원을 엿볼 수 있게 해 줍니다. 그 몸은 중력의 제한도 받지 않고 제자들이 있는 방에 문을 열지 않고도 나타날 수 있었습니다. 이와 같이 성경은 시간과 공간을 초월한 차원의 하나님의 세계, 영의 세계를 이야기하고 있습니다.

하나님이 창조에 나타난 사람의 본질

하나님이 이르시되 우리의 형상을 따라 우리의 모양대로 우리가
사람을 만들고   창 1:26

우리는 누구를 닮은 존재입니까? 하나님을 닮았습니다. 하나님의 "형상을 따라 in our image" 즉 물질적·외적 형태인 이미지를

따라 우리를 지으셨습니다. 또 하나님의 "모양대로according to our likeness" 즉 비물질적인 영혼과 본성nature을 따라 우리를 지으셨습니다. 그러므로 우리는 하나님의 겉모습 뿐 아니라 본성과 성품까지도 닮은 존재입니다.

여호와 하나님이 땅의 흙으로 사람을 지으시고 생기를 그 코에 불어넣으시니 사람이 생령a living being[soul]이 되니라   창 2:7

위의 창세기 2장 말씀에서는 더 자세히 설명하고 있습니다. 즉 사람의 겉모양은 흙으로 지으셨지만 속사람은 하나님의 생기를 코에 불어 넣어 만드셨다고 했습니다. 그렇게 함으로써 하나님의 영혼, 하나님의 성품을 닮을 수 있도록 하셨습니다. 이로 말미암아 후에 예수님이 다시 오셨을 때 사람이 하나님의 자녀가 될 수 있도록 지으셨습니다. 사과를 심으면 사과 열매가 맺는 것과 마찬가지로 하나님이 영이시기 때문에 하나님이 낳으신 자녀 또한 영적 존재입니다. 하나님께서는 우리를 창조하실 때 이미 그렇게 지으셨습니다.

하나님께서 사람을 영혼과 육체 즉 속 사람과 겉 사람으로 지으셨다면, 이제 영혼 즉 속 사람은 다시 영과 혼이라는 두 가지 서로 다른 요소로 구성되어 있음을 아래 말씀들이 증거하고 있습니다.

평강의 하나님이 친히 너희를 온전히 거룩하게 하시고 또 너희의 온 **영**과 **혼**과 **몸**이 우리 주 예수 그리스도께서 강림하실 때에 흠 없게 보전되기를 원하노라   살전 5:23

하나님의 말씀은 살아 있고 활력이 있어 좌우에 날선 어떤 검보다도 예리하여 혼과 영과 및 관절과 골수를 찔러 쪼개기까지 하며 또 마음의 생각과 뜻을 판단하나니 지으신 것이 하나도 그 앞에 나타나지 않음이 없고 우리의 결산을 받으실 이의 눈 앞에 만물이 벌거벗은 것 같이 드러나느니라   히 4:12-13

그리스도의 죽음과 부활 이전 시대 사람들의 죽음 이후

(1) 모든 사람은 죽음 이후에 반드시 부활한다

아담 안에서 모든 사람이 죽은 것 같이 **그리스도 안에서** 모든 사람이 **삶을 얻으리라** "zopoieoo"의 미래수동태, alive, give life to
           고전 15:22

기록된 바 첫 사람 아담은 생령이 되었다 함과 같이 마지막 아담은
살려 주는 영이 되었나니   고전 15:45

보라 내가 너희에게 비밀을 말하노니 우리가 다 잠 잘 것이 아니요
마지막 나팔에 순식간에 홀연히 다 변화되리니 나팔 소리가 나매
죽은 자들이 썩지 아니할 것으로 다시 살아나고 우리도 변화되
리라 이 썩을 것이 반드시 썩지 아니할 것을 입겠고 이 죽을 것이
죽지 아니함을 입으리로다   고전 15:51-53

죽은 자의 부활에 대한 설명은 고린도전서 15장에 있습니다. 아담 한 사람이 죄를 지었기 때문에 그 이후로는 모든 사람이 죄인으로 태어났습니다. 하나님의 생명으로부터 떠난 아담의 후손으로 수없는 세대가 태어나서 이제 70억 명이 되었습니다. 그런데 예수님 한 분이 오셔서 이제 그리스도 안에서 모든 사람이 영원한 생명을 얻게 되었다고 했습니다. "그 안에 생명이 있었으니" (요 1:4). 오직 주님만이 영원한 생명을 가지고 오셨습니다. 첫 구절에서 "삶"은 바로 하나님의 생명을 받은 자들이 영원히 사는 부활하신 그리스도와 같은 삶을 사는 것을 말합니다. 그 영원한 생명을 우리에게 주시기 위해 죄의 값을 지불하셨습니다. 둘째

구절에서 "죽은 자들이 썩지 아니할 것으로 다시 살아나고"는 우리 몸의 부활을 말합니다.

(2) 사람의 영(혼)은 몸에서 분리된다

우리가 주목하는 것은 보이는 것이 아니요 보이지 않는 것이니 보이는 것은 잠깐이요 보이지 않는 것은 영원함이라   고후 4:18

만일 땅에 있는 우리의 장막 집이 무너지면 하나님께서 지으신 집 곧 손으로 지은 것이 아니요 하늘에 있는 영원한 집이 우리에게 있는 줄 아느니라 참으로 우리가 여기 있어 탄식하며 하늘로부터 오는 우리 처소로 덧입기를 간절히 사모하노라   고후 5:1-2

사람이 죽으면 그의 영혼은 몸에서 분리됩니다. 이 사실을 아는 것은 매우 중요합니다. 우리 육체는 점점 낡고 약해집니다. 그러나 우리의 영혼은 몸에서 분리되어 그때까지 가지고 있는 믿음, 지혜, 지식, 경험 그대로 가지고 가는 것입니다. 그렇기 때문에 이 땅 위에 있을 때 그리스도의 장성한 분량이 충만한 데까지 이르도록 성장해야 합니다.

우리가 다 하나님의 아들을 믿는 것과 아는 일에 하나가 되어 온전한 사람을 이루어 그리스도의 장성한 분량이 충만한 데까지 이르리니
엡 4:13

하나님이 미리 아신 자들을 또한 그 아들의 형상을 본받게 하기 위하여 미리 정하셨으니 이는 그로 많은 형제 중에서 맏아들이 되게 하려 하심이니라
롬 8:29

우리는 모두 너울을 벗어버리고, 주님의 영광을 바라봅니다. 이렇게 해서, 우리는 주님과 같은 모습으로 변화하여, 점점 더 큰 영광에 이르게 됩니다. 이것은 영이신 주님께서 하시는 일입니다.
고후 3:18, 새번역

천국에 가면 모두 똑같이 믿음이 좋아지고 똑같이 주님을 사랑할 것 같습니까? 그렇지 않습니다. 이 땅에서 이룬 만큼만 그 영혼의 상태 그대로 가지고 가는 것입니다. 지식과 경험도 그대로이기 때문에 천국에서도 형제자매와 가족들이 서로를 다 알아봅니다.

> **흙은 여전히 땅으로 돌아가고 영은 그것을 주신 하나님께로 돌아가기** 전에 기억하라   전 12:7

> **인생들의 혼은 위로 올라가고 짐승의 혼은 아래 곧 땅으로 내려가는 줄을 누가 알랴**   전 3:21

태초에 흙으로 지어진 우리 몸은 다시 땅으로 돌아가고 하나님으로부터 온 영혼은 분리되어 하나님께로 돌아갑니다. 우리의 몸은 동물의 몸과 큰 차이가 없습니다. 그러나 우리의 영혼과 동물의 혼은 전혀 다른 것입니다. 하나님께서는 동물과 달리 우리 사람만을 하나님의 모양대로 하나님의 성품과 본성대로 지으셨기 때문입니다.

(3) 의인과 악인은 분리된다

모든 사람은 육체의 죽음을 통해서 몸과 영혼이 분리됩니다. 그러나 영혼이 떠나는 순간 의인과 악인은 분리됩니다. 하나님께서는 성경을 통해 내세에 대해 구체적으로 보여주셨습니다. 누가복음에 기록된 예수님의 말씀은 그리스도께서 죽으시고 부활하심으로써 인류를 구원하시기 전의 상황이므로, 그리스도 이전의 모든 인류에 해당되는 사항임을 알 수 있습니다.

이에 그 거지가 죽어 천사들에게 받들려 아브라함의 품에 들어가고 부자도 죽어 장사되매 **그가 음부에서 고통중에 눈을 들어** 멀리 아브라함과 그의 품에 있는 나사로를 보고 불러 이르되 아버지 아브라함이여 나를 긍휼히 여기사 나사로를 보내어 그 손가락 끝에 물을 찍어 내 혀를 서늘하게 하소서 내가 이 불꽃 가운데서 괴로워하나이다 아브라함이 이르되 얘 너는 살았을 때에 좋은 것을 받았고 나사로는 고난을 받았으니 이것을 기억하라 이제 그는 여기서 위로를 받고 너는 괴로움을 받느니라 그뿐 아니라 너희와 우리 사이에 큰 구렁텅이가 놓여 있어 여기서 너희에게 건너가고자 하되 갈 수 없고 거기서 우리에게 건너올 수도 없게 하였느니라 눅 16:22-26

"음부"는 "음침하고 어두운 곳"을 가리키는 말인데 구약에서는 히브리어 "스올Sheol", 신약에서는 헬라어 "하데스Hades"란 단어를 개역 성경에서는 대부분 "음부"라고 번역했습니다. 음부는 구약시대에 죽은 자들이 영이 부활할 때까지 머무는 곳입니다. 예수님이 아직 인류를 구원하시기 전이기 때문에 구약시대의 성도들은 모두 죽고 나면 예수님이 부활하실 때까지 음부에 머물러 있게 됩니다.

음부는 두 부분으로 나누어져 있는데, 아브라함의 품이라고 하는 낙원Paradise에는 의인들만이 머뭅니다. 그리고 다른 한 곳에는 악인들이 고통 가운데 머물고 있습니다. 두 곳은 서로 왕래할 수는 없지만 바라볼 수는 있었습니다.

위의 말씀에서 부자는 음부에서 고통을 당하면서 아브라함의 품에 안겨 있는 거지 나사로를 보았습니다. 그가 나사로를 알아보았다는 것은 죽기 전의 인격이 지속되고 있음을 알 수 있습니다. 육체는 가지고 가지 못하지만 의식 즉 지식과 경험은 그대로 가지고 있는 것을 알 수 있습니다. 육체가 죽은 후의 영혼은 인격을 가지고 있어서 서로를 알아볼 수 있고 현재 상태를 의식할 수도 있습니다. 이것은 얼마나 복된 소식인지 모릅니다. 그리스도인들은 장례식에서 슬퍼할 이유가 없습니다. 천국에서 다시 만날 것이기 때문입니다. 예수님을 믿고 죽는 것은 정말 감사한 일입니다.

그리스도의 죽음과 부활을 통해 본 죽음과 부활

먼저 우리는 구약성경이 그리스도께서 죽으신 후 부활하는 것에 대한 것을 예언하였으며, 그리스도께서 성경대로 죽으시고 성경대로 부활하신 것을 알 수 있습니다.

내가 여호와를 항상 내 앞에 모심이여 그가 나의 오른쪽에 계시므로 내가 흔들리지 아니하리로다 이러므로 나의 마음이 기쁘고 나의 영도 즐거워하며 **내 육체도 안전히 살리니 이는 주께서 내 영혼을 스올에 버리지 아니하시며 주의 거룩한 자를 멸망시키지 않으실 것임이니이다** 시 16:8-10

다윗이 그를 가리켜 이르되 내가 항상 내 앞에 계신 주를 뵈었음이여 나로 요동하지 않게 하기 위하여 그가 내 우편에 계시도다 그러므로 내 마음이 기뻐하였고 내 혀도 즐거워 하였으며 육체도 희망에 거하리니 이는 **내 영혼을 음부에 버리지 아니하시며 주의 거룩한 자로 썩음을 당하지 않게 하실 것임이로다** 주께서 생명의 길을 내게 보이셨으니 주 앞에서 내게 기쁨이 충만하게 하시리로다 하였으므로 행 2:25-28

예수님의 육체는 무덤에 있었습니다. "내 영혼을 음부에 버리지 아니하시며 주의 거룩한 자로 썩음을 당하지 않게 하실 것임이로다" 육체도 썩음을 당하도록 버려두지 않으시리라는 다윗을 통한 예언이 예수님이 부활하심으로써 이루어졌습니다.

그러면 죽음과 부활 사이에 예수 그리스도의 영혼은 어디에 계셨을까요?

그리스도께서도 단번에 죄를 위하여 죽으사 의인으로서 불의한 자를 대신하셨으니 이는 우리를 하나님 앞으로 인도하려 하심이라 **육체로는 죽임을 당하시고 영으로는 살리심을 받으셨으니**10) 그가 또한 영으로 가서 옥에 있는 영들에게 선포하시니라 **그들은 전에 노아의 날 방주를 준비할 동안 하나님이 오래 참고 기다리실 때에 복종하지 아니하던 자들이라 방주에서 물로 말미암아 구원을 얻은 자가 몇 명뿐이니 겨우 여덟 명이라** 벧전 3:18-20

의인이신 예수님께서 불의한 우리의 죄를 대신하여 단번에 죽으셨습니다. 그러나 십자가에서의 죽음으로는 다 치르지 못하는 죄의 값이 남아 있습니다. 육신이 죽은 후에도 영혼은 지옥에서 영원히 살며 고통을 당하는 것이 죄의 값인 죽음입니다. 그러므로 우리를 하나님께로 인도하기 위해서 예수님은 육체로는 십자가에서 죽임을 당하시고 영으로는 지옥에 가셔서 사망권세를 모두

---

10) E. W. 케넌(2011), 『십자가에서 보좌까지 무슨 일이 일어났는가?』, 믿음의 말씀사, p.127-128

이기고 돌아오셔야 했습니다. 예수님의 영이 지옥 곧 음부에 가서 그곳에 있는 영들에게 선포했습니다. 이때 음부에는 노아가 방주를 준비하는 동안 하나님께 복종하지 않고 노아의 말을 비웃었던 홍수 때 죽은 사람들이 있었습니다. 또한 노아와 가족들은 아브라함의 품에 있었습니다.

낙원으로부터 그리스도께서는 악인의 영을 위해 예비된 스올의 한 장소로 더 아래로 내려가셨다. 그리스도께서 인간의 죄를 속죄하는 일을 완성하는 데는 그분이 고통의 장소로 내려가셔야만 했던 것으로 보인다. 왜냐하면 그리스도께서는 죄의 육신적 결과만이 아니라 영적 결과도 충분히 감당하셔야 했기 때문이다.
스올의 더 낮은 부분에 있는 동안, 그리스도께서는 노아 시대, 다시 말해 대홍수 이전의 시대에 악하게 살았던 자들의 영들, 즉 스올에 있는 특별한 감금장소에 갇혀 있던 자들의 영에게 말씀을 전하셨다. 그런 다음, 하나님께서 정하신 속죄의 모든 신성한 목적이 달성된 순간 "이제 값을 다 지불하셨을 때" 그리스도의 영은 스올의 영역에서 현재의 세상으로 다시 올라오셨다. 동시에, 무덤에서 생명이 없이 누워 있었던 그분의 몸도 죽음으로부터 일으켜졌으며, 영과 몸이 온전한 인격을 이루기 위해 다시 재결합되었다.[11]

영어 사도신경에서는 "십자가에 못 박혀 죽으시고"라는 부분 다음에 "지옥에 내려가셨다He descended into hell"라는 말이 나옵니다. 그러나 한국에서 발행한 대부분의 성경이나 찬송가 표지의 한글 번역 부분에는 누락되어 있습니다. 십자가는 예수님께서 우리 대신 육체의 죽음으로 값을 치르신 것까지 설명할 수 있습니다. 물론 십자가의 고통도 끔찍하지만, 지옥의 고통은 산 사람은 경험하지 못하고 상상만 할 수 있을 뿐입니다.

기독교는 십자가의 종교라기보다는 부활의 종교입니다. 기독교의 출발을 떠올려 보십시오. 예수님께서 십자가를 지셨을 때 시작된 것이 아니라, 부활하신 후에 드디어 제자들이 예수님을 믿게 되었고 부활하신 증거를 통하여 기독교가 전파되었습니다. 예수님이 부활하신 후에야 제자들이 성령을 받고 복음을 증거하게 되었습니다.

실제로 어떤 일이 있었습니까? 제자들은 두려움으로 인해 예수님께서 십자가를 질 때 모두 달아났습니다. 제자들은 예수님이 부활할 것이라고 기대하지 않았습니다. 예수님의 말씀을 믿지

---

11) 데릭 프린스(2012), 『성령 충만한 그리스도인의 지침서』, 믿음의말씀사, p. 592-593

않았습니다. 부활하는 것은 불가능한 일이라고 생각했기 때문입니다.

그러므로 예수님이 십자가와 부활 사이에 지옥에 다녀오신 사건은 매우 중요합니다.[12]

> 이를 위하여 죽은 자들에게도 **복음이 전파되었으니** 이는 육체로는 사람으로 심판을 받으나 영으로는 하나님을 따라 살게 하려 함이라
> 벧전 4:6

> 올라가셨다 하였은즉 **땅 아래 낮은 곳으로 내리셨던 것**이 아니면 무엇이냐 내리셨던 그가 곧 모든 하늘 위에 오르신 자니 이는 만물을 충만하게 하려 하심이라
> 엡 4:9-10

어떤 성경은 "땅 아래 낮은 곳"을 지상으로 해석하기도 하는데 그것은 맞지 않습니다. 음부를 개념상 땅 아래라고 표현한 것입니다. 그러므로 부활은 내려가셨던 예수님이 다시 올라가셨다는 것이고, 올라가서 천국 하나님 보좌 우편에 계시다는 것입니다.

---

12) 김진호(2009), 『새로운 피조물의 실재』, 믿음의말씀사 참조.

"예수께서 이르시되 내가 진실로 네게 이르노니 오늘 네가 나와 함께 낙원에 있으리라 하시니라"(눅 23:43). 예수님이 함께 십자가에 달린 강도 중 한 사람에게 "오늘 네가 나와 함께 낙원에 있으리라"라고 했습니다. 낙원은 아브라함의 품으로서 구약시대에 죽은 자들이 가서 기다리는 곳입니다. 그렇다면 예수님께서 십자가에서 죽으신 그날, 음부 즉 스올의 한 지역인 낙원에 가셨다는 말입니다.

예수님께서 자신의 사명을 이야기하며 "오늘"이라 하신 것은, 말씀하신 그날을 가리키는 것이 아니라 예수님이 공생애를 시작하신 때부터 십자가에서 죽으시고 부활하심으로 예수님의 구원사역이 끝나고 마침내 구원이 완성되는 때를 말합니다. 누가복음

---

13) "오늘이란 낱말은 제3복음서에서 특별한 역할을 한다(4:21; 19:5,9 참조). 하나님이 예수의 출현을 통해 역사하신 것은 '오늘'이고, 그 '오늘'을 향해 전 구원사가 진행되며, '오늘'에서 전 구원사는 성취된다. 이러한 '오늘'은 예수의 탄생(2:11)에서부터 그의 죽음에까지(23:43) 미치는데, 결코 예수의 죽음으로서 끝나버리는 것이 아니라 그 이후로 −죽은 자들로부터 예수가 부활하시고 성령이 수여됨으로써− 아직 남아 있는 세계 시간(행 2:36, 38-39 참조)의 나머지를 더 분명히 규정한다. 부활하신 분의 기별꾼들과 교회의 설교를 통해 복음이 선포되는 곳에는 언제나 이 '오늘'이 시작된 것이다 (행 3:24-26; 13:41; 더 나아가 롬 13:11-14; 엡 5:14; 히 3:7-4:13 참조)."
『독일성서공회판 해설 관주 성경전서』, 대한성서공회, p.96

에서 "오늘"이라는 단어가 이러한 의미로 반복해서 등장하는 것을 알 수 있습니다.13)

이에 예수께서 그들에게 말씀하시되 이 글이 오늘 너희 귀에 응하였느니라 하시니   눅 4:21

그리스도의 죽음과 부활 이후 성도의 죽음과 부활

(1) 죽음 직후 천국으로 들어간다

그렇다면 예수님의 죽음과 부활 이후에 우리 성도들이 죽음을 맞이하면 어떤 일이 일어날까요? 우리는 주님이 우리 죄의 값을 다 지불하셨기 때문에 구약의 성도들처럼 지옥에 가지 않습니다. 이제 성도들은 죽으면 바로 주님이 계신 천국에 가서 그리스도와 함께 있게 됩니다.

스데반이 성령 충만하여 하늘을 우러러 주목하여 **하나님의 영광과 및 예수께서 하나님 우편에 서신 것을 보고** 말하되 보라 하늘이 열리고 인자가 하나님 우편에 서신 것을 보노라 한대   행 7:55-56

스데반이 죽을 때 하늘에서 본 것은 무엇이었습니까? 하나님의 영광과 하나님 우편에 계신 예수님을 보고 말했습니다.

그러므로 우리가 항상 담대하여 몸으로 있을 때에는 주와 따로 있는 줄을 아노니 … 우리가 담대하여 원하는 바는 **차라리 몸을 떠나 주와 함께 있는 그것이라** 고후 5:6, 8

바울은 자신이 주님과 따로 있으니 자신의 몸을 떠나서 주님과 함께 있길 원한다고 이야기했습니다.

이는 내게 사는 것이 그리스도니 죽는 것도 유익함이라 그러나 만일 육신으로 사는 이것이 내 일의 열매일진대 무엇을 택해야 할는지 나는 알지 못하노라 **내가 그 둘 사이에 끼었으니 차라리 세상을 떠나서 그리스도와 함께 있는 것이 훨씬 더 좋은 일이라 그렇게 하고 싶으나** 내가 육신으로 있는 것이 너희를 위하여 더 유익하리라 빌 1:21-24

여기서 바울이 말한 것처럼, 예수님을 구주로 영접한 성도의 영혼은 육신을 떠나면 그리스도와 함께 있을 것이라고 말합니다.

(2) 몸의 부활을 위해 하나님은 각 사람의 몸을 만들고 정보를 기록해 두셨다

주께서 내 내장을 지으시며 나의 모태에서 나를 만드셨나이다 내가 주께 감사하오음은 나를 지으심이 **심히 기묘하심이라** 주께서 하시는 일이 기이함을 내 영혼이 잘 아나이다 내가 은밀한 데서 지음을 받고 땅의 깊은 곳에서 기이하게 지음을 받은 때에 나의 형체가 주의 앞에 숨겨지지 못하였나이다 **내 형질이 이루어지기 전에 주의 눈이 보셨으며 나를 위하여 정한 날이 하루도 되기 전에 주의 책에 다 기록이 되었나이다** 시 139:13-16

위의 말씀은 하나님이 우리를 지으신 장면을 설명합니다. 그 과정은 "심히 기묘하십니다for I am fearfully and wonderfully made" 또 우리의 형질을 만드시기 전에 주님이 눈으로 먼저 보셨다고 했습니다. 형질substance은 우리 몸을 이루고 있는 물질로서 각 사람의 독특함을 구별하는 DNA로 볼 수 있습니다. 현대 과학은 인간의 유전정보를 가지고 있는 염색체를 구성하고 있는 DNA에서 인간의 유전자 지도인 게놈 지도까지 밝혀냈습니다. 우리 한 사람 한 사람은 모두 다 다른 유전자 정보를 가지고 있습니다. 그것은 하나님이 인류를 모두 다른 설계도를 가지고 지으셨다는 뜻이며, 각 사람을 향한 하나님의 계획이 모두 다르다는 것입니다. 그러므로 우리를 지으신 하나님께서는 우리가 무엇을 좋아하고 무엇을 잘하며 어떤 기질을 가지고 있는지 정확히 알고 계십니다. 자녀 교육과 리더십에서도 마찬가지입니다. 자녀와 성도가 어떤 사람인지 알고 하나님이 주신 잠재능력을 개발하고 가능성을 꽃피우도록 도와주는 것이 부모와 교사와 목회자의 몫입니다. 현대 과학이 머리털 하나에도 그 사람만의 고유한 유전자 정보가 담겨 있는 것을 발견한 것은 오묘한 하나님의 세계에 대해 미미하지만 인간 지성의 탐구로서는 괄목할 만한 성과입니다.

• 부활하신 예수님의 몸을 통해 이해할 수 있는 부활의 몸

부활하신 예수님이 제자들에게 오셔서 자신의 모습을 보이시고 식사도 함께 하셨습니다.

> 내 손과 발을 보고 나인 줄 알라 또 **나를 만져 보라 영은 살과 뼈가 없으되 너희 보는 바와 같이 나는 있느니라** 이 말씀을 하시고 손과 발을 보이시나
> 눅 24:39-40

도마에게 이르시되 네 손가락을 이리 내밀어 내 손을 보고 **네 손을 내밀어 내 옆구리에 넣어 보라** 그리하여 믿음 없는 자가 되지 말고 믿는 자가 되라   요 20:27

위의 말씀에서 부활하신 예수님은 살과 뼈가 있다는 것을 알 수 있습니다. 또 예수님의 몸은 부활 전 십자가에 못 박히셨던 손과 발 그대로였습니다. 성도들의 몸은 부활할 때 하나님께서 지으신 그대로 돌아갑니다. 다치거나 흉터가 있어도 모두 회복된다는 뜻입니다. "너희 머리털 하나도 상하지 아니하리라"(눅 21:18). "너희에게는 심지어 머리털까지도 다 세신 바 되었나니"(눅 12:7)라고 했듯이 주님은 우리의 몸이 조금도 상하지 않고 하나님께서 창조하신 그대로 완벽하게 돌아가도록 하셨습니다. 그런데 왜 예수님의 손에는 못 자국과 옆구리에는 창 자국이 그대로 있었을까요? 보고 만져보지 못하면 믿지 못하는 도마를 위해서였을까요? 우리는 이 땅에 사는 동안 주님의 몸과 피를 기억하려고 주님이 명하신 주의 만찬에 참여합니다. 이와 같이 하늘나라에서는 주님의 상처난 몸이 우리를 영원한 천국에 함께 살 수 있도록 하려고 이 땅에 오셔서 우리를 대신해 감당하신 십자가의 죽음의 고통을 기억하게 하는 주님의 사랑의 영원한 증표가 아닐까 생각합니다.

부활의 차례

(1) 첫 열매이신 그리스도

아담 안에서 모든 사람이 죽은 것 같이 그리스도 안에서 모든 사람이 삶을 얻으리라 그러나 각각 자기 차례대로 되니 **먼저는 첫 열매인 그리스도요** 다음에는 그가 강림하실 때에 그리스도에게 속한 자요 그 후에는 마지막이니 그가 모든 통치와 모든 권세와 능력을 멸하시고 나라를 아버지 하나님께 바칠 때라

고전 15:22-24

첫 열매는 다음에 맺게 될 많은 열매들을 기대하며 첫 번째로 수확하는 열매입니다. 예수님께서 가장 먼저 부활하셔서 첫 열매로서 증거가 되셨습니다. 그것은 우리도 예수님과 같이 부활하게 될 것임을 뜻합니다.

예수께서 다시 크게 소리 지르시고 영혼이 떠나시니라 이에 성소 휘장이 위로부터 아래까지 찢어져 둘이 되고 땅이 진동하며 바위가 터지고 무덤들이 열리며 **자던 성도의 몸이 많이 일어나되 예수**

의 부활 후에 그들이 무덤에서 나와서 거룩한 성에 들어가 많은 사람에게 보이니라   마 27:50-53

위의 말씀은 실제로 일어났던 놀라운 일을 기록한 것입니다. 예수님이 부활하시자 무덤이 열리고 죽은 성도들의 몸도 함께 부활했습니다. 그리고 그들은 거룩한 성으로 들어가 많은 사람에게 보였습니다. 예수님 뿐 아니라 많은 성도들이 부활의 증거가 되었습니다. 이들은 구약시대의 성도들 가운데 일부 즉 아브라함의 품에 있었던 사람들입니다. 이 사건이 첫 열매입니다.

주후 2000년의 역사와 인구 증가의 추이를 보면 우리는 주님의 재림이 매우 가까워졌음을 알 수 있습니다. 16세기 종교 개혁이 복음의 말씀 회복이라면, 셀 교회 개척 운동은 "교회의 회복"이며, 성도들에게 성경적인 "만인 제사장"의 권리를 회복하는 하나님의 운동임을 알 수 있습니다. 이제 진정한 의미의 "성도의 시대"가 도래하여 영혼을 구원하고 가정마다 직장마다 교회를 세우는 대추수의 때에 우리는 살고 있습니다.

(2) 성도의 부활과 휴거

이르되 갈릴리 사람들아 어찌하여 서서 하늘을 쳐다보느냐 너희 가운데서 하늘로 올려지신 이 예수는 하늘로 가심을 본 그대로 오시리라 하였느니라 행 1:11

위의 말씀은 예수님이 승천하실 때 천사가 한 말입니다. 예수님이 하늘로 높이 올려질수록 구름에 싸이면서 잘 안 보이게 되었는데 그 모습 그대로 다시 오실 것이라고 되어 있습니다. "이를 놀랍게 여기지 말라 무덤 속에 있는 자가 다 그의 음성을 들을 때가 오나니 선한 일을 행한 자는 생명의 부활로, 악한 일을 행한 자는 심판의 부활로 나오리라"(요 5:28-29). 요한복음 말씀도 주님이 재림하실 때 성도들이 부활할 것을 언급하고 있습니다.

1) 주님의 호령과 천사장과 하나님의 나팔소리

형제들아 자는 자들에 관하여는 너희가 알지 못함을 우리가 원하지 아니하노니 이는 소망 없는 다른 이와 같이 슬퍼하지 않게 하려 함이라 우리가 예수께서 죽으셨다가 다시 살아나심을 믿을진대 이와 같이 예수 안에서 자는 자들도 하나님이 그와 함께 데리고 오시리라 우리가 주의 말씀으로 너희에게 이것을 말하노니 주께서 강림하실 때까지 우리 살아 남아 있는 자도 자는 자보다 결코 앞서지 못하리라 **주께서 호령과 천사장의 소리와 하나님의 나팔 소리로 친히 하늘로부터 강림하시리니 그리스도 안에서 죽은 자들이 먼저 일어나고 그 후에 우리 살아 남은 자들도 그들과 함께 구름 속으로 끌어 올려 공중에서 주를 영접하게 하시리니** 그리하여 우리가 항상 주와 함께 있으리라 그러므로 이러한 말로 서로 위로하라

살전 4:13-18

주님이 다시 오실 때 살아 있는 사람들은 주님의 호령 즉 크게 외치는 소리와 천사장의 소리와 하나님의 나팔 소리를 듣게 될 것입니다.

2) 그리스도 안에서 죽은 자들의 부활, 살아남은 자들의 변화

보라 내가 너희에게 비밀을 말하노니 우리가 다 잠 잘 것이 아니요 **마지막 나팔에 순식간에 홀연히 다 변화되리니 나팔 소리가 나매 죽은 자들이 썩지 아니할 것으로 다시 살아나고 우리도 변화되리**

라 이 썩을 것이 반드시 썩지 아니할 것을 입겠고 이 죽을 것이 죽지 아니함을 입으리로다   고전 15:51-53

먼저 그리스도 안에서 죽은 사람들이 무덤에서 일어나서 부활하고, 살아 있는 사람들의 몸은 예수님의 부활하신 몸과 같이 변화될 것입니다. 아주 짧은 시간에 이런 일들이 일어날 것입니다.

3) 끌려 올려감

예수님께서 재림하실 때 사람들의 몸이 끌려 올라갑니다. "하르파조harpazo"는 "끌려 올라가다rapture", "낚아채 올라가다to seize, to snatch away"라는 뜻으로 우리말로는 "휴거携擧"로 번역됩니다. 그러므로 낚아채듯이 우리 몸은 순식간에 공중으로 올라가서 주님을 만나게 됩니다. 또 "하늘로부터 강림하시리니"라고 했는데, 강림coming은 헬라어로 "파네오시아"이며, 이것은 '공중 재림'이라고 번역해야 정확합니다. 왜냐하면 주님께서 땅 위로 내려오시는 것이 아니라 우리가 끌려 올라가서 공중에서 주님을 만나는 것이기 때문입니다. 이것이 성도들에게 첫 번째 일어나는 일입니다.

• 그가 강림하실 때에 그리스도에게 속한 자

그러나 각각 자기 차례대로 되리니 먼저는 첫 열매인 그리스도요 다음에는 그가 강림하실 때에 **그리스도에게 속한 자요**those who are Christ's at His coming   고전 15:23

첫 번째 부활의 자격은 "그리스도에 속한 자"라고 했습니다. 즉 주님이 재림하실 때 그리스도 안에서 죽은 자 혹은 살아있는 그리스도인까지 모두 이 부활에 참여한다는 뜻입니다. 우리가 어떻게 구원을 받습니까? **"예수를 주로 시인하며 하나님께서 그를 죽은 자 가운데서 살리신 것을 믿으면 구원을 얻으리니 마음으로 믿어 의에 이르고 입으로 시인하여 구원을 얻으리라"**(롬 10:9-10). 이것은 구원의 유일한 조건이자 복음입니다. 예수님께서 죄값을 지불하셨기 때문에 구원받기 위해 하는 죽은 행실에서 돌이키는 것입니다. 예수님을 영접할 때 기도하는 이 말씀 안에는 엄청난 내용이 담겨 있습니다. 영접기도를 한 사람에게 그 내용을 정확하게 이해하도록 반복해서 가르쳐 주어야 합니다. 당신은 새로운 피조물입니다. 당신은 하나님의 생명을 받았습니다. 당신은 의로운 자가 되었습니다. 당신은 사단을 이겼습니다. 모든 질병이나 가난이나 저주는 이제 당신을 다스릴 권세가 없습니다. 어떤 환경도 당신을 다스릴 수 없고 오직 왕이신 주님만이 당신을 다스리십니다. 그러므로 첫 번째 부활 때에는 주님께 속한 사람만이 들림 받고 부활하며 주님을 만나게 됩니다.

(3) 순교자들과 이마와 손에 짐승의 표를 받지 아니한 자들의 부활

또 내가 보좌들을 보니 거기에 앉은 자들이 있어 심판하는 권세를 받았더라 또 내가 보니 **예수를 증언함과 하나님의 말씀 때문에 목 베임을 당한 자들의 영혼들과 또 짐승과 그의 우상에게 경배하지 아니하고 그들의 이마와 손에 그의 표를 받지 아니한 자들이 살아서** 그리스도와 더불어 천 년 동안 왕 노릇 하니(그 나머지 죽은 자들은 그 천 년이 차기까지 살지 못하더라) 이는 첫째 부활이라 이 첫째 부활에 참여하는 자들은 복이 있고 거룩하도다 둘째 사망이 그들을 다스리는 권세가 없고 도리어 그들이 하나님과 그리스도의 제사장이 되어 천 년 동안 그리스도와 더불어 왕 노릇 하리라

계 20:4-6

만약 우리가 살아 있는 이 시대에 예수님이 오신다면 우리는

그 순간 몸이 변해서 공중으로 올라가게 될 것입니다. 그리고 이 땅에는 7년 동안의 대환난이 시작됩니다. 그 기간에 핍박 가운데에서도 많은 사람들이 끝까지 예수를 믿고 순교합니다. 그리고 대환난의 마지막에 부활하신 예수 그리스도가 이 땅에 왕으로 오셔서 세상의 악한 세력을 완전히 제압하십니다. 이때의 재림은 공중재림이 아니라 말 그대로 이 땅 위에 오시는 것 즉 "지상 재림"입니다. 그리고 순교했던 증인들과 우리도 같이 부활합니다. 여기까지를 가리켜 첫 번째 부활, 의인들의 부활이라고 합니다. 그리고 천 년 동안 예수님과 부활한 성도들이 함께 왕으로서 이 땅을 다스리게 되는데, 이를 가리켜 **천년왕국**이라고 합니다.

> 천 년이 차매 사탄이 **그 옥에서 놓여 나와서** 땅의 사방 백성 곧 곡과 마곡을 미혹하고 모아 싸움을 붙이리니 그 수가 바다의 모래 같으리라 그들이 지면에 널리 퍼져 성도들의 진과 사랑하시는 성을 두르매 하늘에서 불이 내려와 그들을 태워버리고 또 그들을 미혹하는 마귀가 불과 유황 못에 던져지니 거기는 그 짐승과 거짓 선지자도 있어 세세토록 밤낮 괴로움을 받으리라   계 20:7-10

사단은 묶여서 무저갱에 갇혀 있고 주님이 통치하시는 천 년 동안 사람들이 예수를 믿고 선택할 수 있도록 기회가 있습니다. 그리고 천 년이 지난 후 사단은 풀려났다가 다시 잡혀서 불과 유황 못에 영원히 던져집니다.

(4) 불의한 자들의 부활과 흰 보좌 심판

또 내가 크고 흰 보좌와 그 위에 앉으신 이를 보니 땅과 하늘이 그 앞에서 피하여 간 데 없더라 또 내가 보니 죽은 자들이 큰 자나 작은 자나 그 보좌 앞에 서 있는데 책들이 펴 있고 또 다른 책이 펴졌으니 곧 생명책이라 죽은 자들이 자기 행위를 따라 책들에 기록된 대로 심판을 받으니 바다가 그 가운데에서 죽은 자들을 내주고 또 사망과 음부도 그 가운데에서 죽은 자들을 내주매 각 사람이 자기의 행위대로 심판을 받고 사망과 음부도 불못에 던져지니 이것은 둘째 사망 곧 불못이라 누구든지 생명책에 기록되지 못한 자는 불못에 던져지더라   계 20:11-15

악인들은 예수를 믿지 않고 죽은 자들을 가리킵니다. 그들은 천년왕국이 끝난 후에 자신의 행위에 따라 심판을 받고 부활합니다. 마지막으로 악인까지도 부활함으로써 이 땅에서 아담과 하와의 후손으로 태어난 모든 인생들은 부활하게 됩니다. 그러나 악인들은 불못에 던져져서 두 번째 사망을 맞이하게 됩니다. 이것이 불의한 자들의 부활이고 마지막 심판입니다.

> **내가 그리스도와 그 부활의 권능과 그 고난에 참여함을 알고자 하여 그의 죽으심을 본받아 어떻게 해서든지 죽은 자 가운데서 부활에 이르려 하노니** 내가 이미 얻었다 함도 아니요 온전히 이루었다 함도 아니라 오직 내가 그리스도 예수께 잡힌 바 된 그것을 잡으려고 달려가노라   빌 3:10-12

위의 말씀에서 바울의 이야기는 앞으로 일어날 일에 대한 것이 아닙니다. 또한 이것은 그리스도의 여섯 개 교리 가운데 두 개이기도 합니다. 이 땅에서 사는 삶은 우리에게 주신 기회이자 특권일 뿐이고, 그 후에 영원한 삶이 기다리고 있습니다. 그때에 하나님께서는 우리가 이 땅에 살면서 주님과 복음을 위해서 행한 모든 일에 대한 보상을 해주시겠다고 약속하셨습니다. 열 고을을 다스릴 권세를 주시고 냉수 한 그릇 베푼 것에 대해서도 상을 주실 것입니다. 그리스도의 교리가 중요한 이유도 바로 이 때문입니다.

> 형제들아 자는 자들에 관하여는 너희가 알지 못함을 우리가 원하지 아니하노니 이는 소망 없는 다른 이와 같이 슬퍼하지 않게 하려 함이라 우리가 예수께서 죽으셨다가 다시 살아나심을 믿을진대 이와 같이 **예수 안에서 자는 자들도 하나님이 그와 함께 데리고 오시리라** 우리가 주의 말씀으로 너희에게 이것을 말하노니 주께서 강림하실 때까지 우리 살아 남아 있는 자도 자는 자보다 결코 앞서지 못하리라 살전 4:13-15

위의 말씀에서 바울이 분명히 이야기합니다. "예수 안에서 자는 자들도 하나님이 그와 함께 데리고 오시리라" 그리스도인은 모두 부활하여 주님과 함께 하나님께로 올라갈 것입니다. 죽은 몸을 태워서 화장을 했다고 해도 하나님은 그의 DNA대로 육체를 부활시키실 것입니다. 그리스도께 속한 자는 예수 그리스도를 영접하고 구원받았을 뿐 아니라 예수님을 주님으로 섬기고 살아가는 사람입니다.

예수님은 부활하셔서 하나님의 우편에 앉아 계시며, 성령을 우리에게 보내셔서 각 사람이 말씀대로 성령의 인도를 받으며 주님의 뜻대로 살기를 원하십니다. 그렇기 때문에 구원의 조건인 "우리가 예수를 주로 시인하면"이라는 고백은, 주님의 죽음과 부활로 말미암아 나는 구원받았고 나는 내 것이 아니라 그분의 것이라는 뜻입니다.

다섯째와 여섯째 교리의 중요성

그리스도의 교리 여섯 개 중에서 이제 나머지 두 개는 우리의 몸이 기능을 멈추어 영혼이 떠나는 죽음 이후에 관한 가장 중요한 두 가지 계시를 다루고 있습니다. 어차피 믿는 사람이나 믿지 않는 사람이나 똑같이 하나님의 진리의 말씀대로 부활하여 심판을 받게 될 것이므로, 중요하게 생각하지 않을 수도 있겠으나 오히려 그 반대입니다. 이 진리를 실제로 믿는 사람은 현재의 삶을 다르게 만드는 큰 그림을 그리게 되고 늘 그 비전 안에서 살 수 있기 때문입니다.

> **내가 그리스도와 그 부활의 권능과 그 고난에 참여함을 알고자 하여 그의 죽으심을 본받아 어떻게 해서든지 죽은 자 가운데서 부활에 이르려 하노니 내가 이미 얻었다 함도 아니요 온전히 이루었다 함도 아니라 오직 내가 그리스도 예수께 잡힌 바 된 그것을 잡으려고 달려가노라 형제들아 나는 아직 내가 잡은 줄로 여기지 아니하고 오직 한 일 즉 뒤에 있는 것은 잊어버리고 앞에 있는 것을 잡으려고 푯대를 향하여 그리스도 예수 안에서 하나님이 위에서 부르신 부름의 상을 위하여 달려가노라** 빌 3:10-14

> 내가 복음을 위하여 모든 것을 행함은 복음에 참여하고자 함이라 운동장에서 달음질하는 자들이 다 달릴지라도 오직 상을 받는 사람은 한 사람인 줄을 너희가 알지 못하느냐 너희도 상을 받도록 이와 같이 달음질하라 이기기를 다투는 자마다 모든 일에 절제하나니 그들은 썩을 승리자의 관을 얻고자 하되 우리는 썩지 아니할 것을 얻고자 하노라 고전 9:23-25

위의 말씀이 바울을 사로잡고 있는 유일한 소원이었습니다. 그 소원이 그로 하여금 자신의 부르심의 소망을 깨닫게 했습니다. 바울이 예수 그리스도와 부활의 권능을 사모하게 한 복음에 대한 이해가 없다면, 그의 부르심의 소망은 결국 자신의 열망에 지나지 않을 것입니다. 반대로 그리스도와 부활의 권능과 이 복음에 대해 알고자 하는 열정을 가지고 있다면, 그 사람 안에는 이미 부르심의 소망과 사명이 있으므로, 그가 가는 길은 이미 정해진 푯대를 향하여 가는 길이며 인도받는 것이 단순해집니다. 바울은 자신의 삶을 이렇게 표현하였습니다. "푯대를 향하여 그리스도 예수 안에서 하나님을 위하여 부르신 부르심의 상을 위하여 달려가노라" 바울은 오직 한 가지, 주님이 주신 사명 외에는 아무 관심이 없습니다.

어떤 에피쿠로스와 스토아 철학자들도 바울과 쟁론할새 어떤 사람
은 이르되 이 말쟁이가 무슨 말을 하고자 하느냐 하고 어떤 사람은
이르되 **이방 신들을 전하는 사람인가보다 하니 이는 바울이 예수
와 부활을 전하기 때문이러라**　　　　　　　　　행 17:18

에피쿠로스학파나 스토아학파 철학자들은 플라톤이나 소크라테스처럼 기원전 3세기 전후에 시작된 그리스 철학자들이었습니다. 그리스는 일찍부터 철학적 토론과 문학이 활발하던 나라였습니다. 실제로 바울은 당시 최고의 학자였기 때문에 어떤 학문이나 철학을 공부한 사람들과도 토론할 수 있었습니다. 그 중 한 사람이 바울을 가리켜 "이방의 신을 전하는 사람인가보다"라고 했는데, 그들이 바울이 전하는 신이 다른 이유는 "예수와 부활을 전하는 것"이라고 결론을 내렸습니다. 다시 말해 바울이 전한 말의 핵심은 결국 한 가지 "예수와 그의 부활"이었던 것입니다. 즉 그는 예수가 누구시며, 왜 이 땅에 오셨으며, 왜 죽고 부활하셨는지를 전했습니다. 그리고 예수의 죽음과 장사됨과 부활과 승천을 통해 완성된 속량 사역을 통해 "이 예수를 주로 시인하며 하나님께서 그를 죽은 자 가운데서 살리신 것을 믿으면" 구원을 얻게 된다는 "기쁜 소식"을 전했습니다. 바울이 아테네 사람들에게 설교한 마지막 결론을 보겠습니다.

이는 정해진 사람으로 하여금 **천하를 공의로 심판하실 날을 작정하시고** 이에 그를 죽은 자 가운데서 다시 살리신 것으로 모든 사람에게 믿을 만한 증거를 주셨음이니라 하니라   행 17:31

공의로운 하나님께서 악인을 심판하실 것이고 그날은 하나님 앞에 정해져 있습니다. 아무 사전 지식이나 편견 없이 신약성경을 읽어보면 부인하지 못할 것이 하나 있습니다. 당시 제자들은 예수님께서 곧 다시 오실 줄 알았습니다. 그들은 부활하신 예수님도 보았고 하늘로 올라가시는 예수님도 보았습니다. 그리고 다시 오시리라는 약속의 말씀도 들었습니다. 그뿐입니까? 자기 삶 가운데 기적이 일어났고 다른 사람들에게 일어난 기적도 보았기 때문에 부활하신 주님이 곧 자기들과 함께하실 것이라고 확신했습니다. 이천 년이 넘도록 기다리게 될 줄은 아무도 몰랐습니다.

제자들은 처음 20~30년 동안에는 성경을 쓰지도 않았습니다. 예수님이 곧 오실 터이므로 후세에 남길 책을 쓸 이유가 없었기 때문입니다. 그러나 자신들이 죽을 날이 가까워지고 한 사람씩 순교하고 죽음을 맞이하는데도 예수님은 오시지 않았습니다. '열한 제자가 다 순교하면 어떻게 될 것인가.' 아마도 이런 생각으로 마가 같은 제자는 자신이 들은 것들을 기록하여 남기려고 마가복음을 쓰게 된 것 같습니다. 제자들이 모두 죽고 마지막으로 서기 100년대까지 살아남은 사람은 요한이었습니다. 요한은 밧모 섬에 유배되어 그곳에서 위대한 환상들을 보고 요한계시록을 기록했습니다.

예수 그리스도의 부활은 복음을 전하는 자들의 중심 메시지였으며, 마지막 날의 산자와 죽은 자의 부활은 모든 인류가 듣고 믿어야 할 중심 메시지입니다. 바울은 "그를 죽은 자 가운데서 다시 살리신 것"은 모든 사람에게 믿을 만한 증거가 된다고 선언하였습니다. 믿지 않는 사람과 불필요한 논쟁을 할 필요가 없습니다. 복음서에서도 제자들은 처음에 예수의 부활을 믿지 못했던 것을 기록하고 있습니다. 많은 초기 사본을 보면 마가복음의 마지막 16장은 아무도 믿지 않았다는 내용으로 끝을 맺습니다.

마리아가 예수님이 부활한 빈 무덤을 보고 제자들에게 뛰어가서 이야기하자 "여자들이 너무 일찍 일어나 가더니 헛것을 보았는가?"라고 했습니다. 다른 복음서에는 예수님이 부활하신 장면이 조금씩 추가되지만 가장 먼저 기록된 복음서로 알려진 마가복음에는 생략되어 있습니다. 이와 같이 부활 소식을 전해 듣고 믿지 않았던 제자들이 어떻게 믿게 되었습니까? 빈 무덤을 가서 직접 보았을 뿐만 아니라, 그들의 눈앞에 부활하신 예수님이 나타나셨습니다. 그 중에 도마는 그 자리에 없었기 때문에 다른 열 명의 제자들이 예수님이 부활하셨다고 이야기하자 "너희들이 예수님을 너무 사모한 모양이다"라며 믿지 않습니다. 그런데 잘 생각해보면 제자 가운데 도마가 특별히 의심이 많았다고 할 수도 없습니다. 다른 제자들 역시 부활한 예수님을 보고 나서 믿었기 때문입니다. 예수님께서는 도마 앞에도 나타나셨고 도마도 마침내 믿게 되었습니다. 의심한 제자 도마의 모습까지 기록한 복음서들은 이제 아무도 예수 그리스도의 부활을 부인할 수 없는 증거이기도 합니다.

> **그들이 죽은 자의 부활을 듣고** 어떤 사람은 조롱도 하고 어떤 사람은 이 일에 대하여 네 말을 다시 듣겠다 하니 이에 바울이 그들 가운데서 떠나매 **몇 사람이 그를 가까이하여 믿으니** 그 중에는 아레오바고 관리 디오누시오와 다마리라 하는 여자와 또 다른 사람들도 있었더라
> 행 17:32-34

바울이 예수와 예수의 부활에 대해 이야기를 마치자 그의 설교를 한마디로 요약해서 "죽은 자의 부활"이라고 했습니다. 그가 부활에 대해 얼마나 확신에 차서 증거했는지 알 수 있습니다. 바울의 설교를 듣고도 어떤 사람들은 믿었지만 어떤 사람들은 믿지 않았습니다. 만약 예수의 부활을 믿지 못한다면 결국 믿음이 없는 것입니다.

그것은 곧 논리적으로 설득할 수 없는 부분이라는 의미입니다.

그리스도의 심판 계 20:11-15

무덤 속에 있는 자가 다 그의 음성을 들을 때가 오나니 선한 일을 행한 자는 생명의 부활로, 악한 일을 행한 자는 심판의 부활로 나오리라   요 5:28-29

의인과 악인의 부활이 이 말씀에 다 들어 있습니다. 죽은 자들은 모두 주님의 음성을 듣고 부활합니다. 이것은 실제로 주님이 살아 계실 때 보여주신 장면이기도 합니다. 장사한 지 사흘이 넘어서 시체에서 냄새가 날 정도였는데 예수께서 "나사로야, 나오너라!"라고 말씀하시자 죽었던 나사로가 살아서 걸어 나왔습니다. 물론 부활은 그 이상입니다. 무덤 속에서 이미 흙으로 돌아간 사람들도 주님의 음성을 듣고 부활합니다. 누구나 다 자신의 몸 그대로 서로 얼굴을 알아볼 수 있고 영혼이 부활한 몸과 하나가 될 것입니다. "선한 일을 행한 자는 생명의 부활로, 악한 일을 행한 자는 심판의 부활로 나오리라"고 했습니다.

네가 어찌하여 네 형제를 비판하느냐 어찌하여 네 형제를 업신여기느냐 우리가 다 **하나님의 심판대** 앞에 서리라
But why dost thou judge thy brother? or why dost thou set at nought thy brother? for we shall all stand before **the judgment seat of Christ.** 롬 14:10

이는 우리가 다 반드시 **그리스도의 심판대** 앞에 나타나게 되어 각각 선악 간에 그 몸으로 행한 것을 따라 받으려 함이라 고후 5:10

아버지께서 아무도 심판하지 아니하시고 심판을 다 아들에게 맡기셨으니 이는 모든 사람으로 아버지를 공경하는 것 같이 아들을 공경하게 하려 하심이라 아들을 공경하지 아니하는 자는 그를 보내신 아버지도 공경하지 아니하느니라 내가 진실로 진실로 너희에게 이르노니 내 말을 듣고 또 나 보내신 이를 믿는 자는 영생을 얻었고 심판에 이르지 아니하나니 사망에서 생명으로 옮겼느니라 요 5:22-24

로마서에는 '하나님의 심판대'라고 되어 있지만 이것은 킹제임스 영어 성경이나 고린도후서에 기록한 대로 '그리스도의 심판대'가 맞습니다. 왜냐하면 하나님이 심판을 그리스도께 맡기셨다고

했기 때문입니다. 관심을 두고 알아야 할 것은 여기 나와 있는 내용까지입니다. 그 이상을 말하는 천국에 갔다 왔다는 사람들의 경험은 그 사람에게 메시지를 주는 영적 의미를 찾는 정도의 유익이 있을 뿐입니다. 성경에 근거가 없는 어떤 "천국 여행담"도 우리는 진리로 믿고 따르며 두려워하거나 기뻐할 이유가 없습니다.

그리스도인의 섬김에 대한 심판 마 25:14-30, 눅 19:11-27

마가복음과 누가복음에는 탕자의 이야기와 열 므나의 비유가 잘 설명되어 있습니다. 먼저 탕자는 살아계신 아버지의 유산을 미리 받아 가지고 집을 나가서 방탕하게 생활하고 모두 탕진하고 돌아옵니다. 열 므나의 비유에서 좋은 나쁜 행동을 한 것은 아닙니다. 주인이 맡긴 돈을 묻어두었다가 그대로 돌려주었더니 '악하고 게으른 종'이라고 했습니다. 그 종이 특별히 악한 행동을 하지 않았음에도 불구하고 주인은 '악하다'고 말합니다. 뿐만 아니라 바깥 어두운 곳으로 쫓아내라고 했습니다. 그렇게 함으로써 종의 처지는 구원받지 못한 자의 상황과 같아집니다. 악한 일은 적극적으로 나쁜 일을 하는 것뿐만 아니라 선한 일을 할 수 있는데도 하지 않은 것도 포함합니다.

예배에는 참석해도 복음을 듣지 못하고 믿는 도리의 기초인 그리스도의 교리조차 알지 못해서 이단에게 속아 넘어가는 한국 교회의 성도들의 숫자는 최근 기독교를 빙자한 이단의 성장을 보면 알 수 있습니다. 한국 기독교의 이단의 역사는 오래이지만 사실 새로운 것은 없습니다. "주여, 주여 하는 자마다 천국에 가는 것은 아니다. 말씀을 지키지 않으면 그리스도인도 지옥에 간다."는 식의 이야기를 하면서 구원의 확신이 없는 무지한 성도들에게 불안감을 조성하여 자신들에게만 구원이 있다는 쪽으로 유도해 갑니다. 그리스도의 교리 가운데 죽은 행실에서 회개함, 마지막 심판 두 가지만 알아도 이런 데 속지는 않습니다.

> 이는 우리가 이제부터 어린 아이가 되지 아니하여 사람의 속임수와 간사한 유혹에 빠져 온갖 교훈의 풍조에 밀려 요동하지 않게 하려 함이라 엡 4:14

그러므로 그리스도의 교리는 반드시 알아야 합니다. 알고도 가르치지 않고 전하지 않는다면 그것은 우리의 책임입니다. "그러므로 사람이 선을 행할 줄 알고도 행하지 아니하면 죄니라"(약 4:17). 법학 용어에도 "부작위 죄"라는 것이 있습니다. 그것은 마땅히

해야 할 일을 하지 않은 것을 말합니다. 반대로 "작위 죄"는 고의적으로 죄를 짓는 것입니다.

"그 때에 너희가 돌아와서 의인과 악인을 분별하고 하나님을 섬기는 자와 섬기지 아니하는 자를 분별하리라"(말 3:18). 의인은 하나님을 섬기는 자, 악인은 하나님을 섬기지 않는 자라고 했습니다. 그러므로 예수를 믿는 의인은 하나님이 주인이시기 때문에 주인인 하나님을 섬겨야 합니다. 반대로 주인을 섬기지 않는 일은 모두 다 악한 일입니다. 만약 여러분의 자녀가 예수님을 섬기는 사람이 되지 않는다면 그것은 악한 일입니다. 예수를 믿는 것으로 족하지 않다는 뜻입니다. 자녀가 공부와 일과 가정, 삶의 모든 것을 통해 주님을 섬기도록 하지 않으면 그것은 악한 것입니다. 하나님을 섬기지 않는 것 그 자체가 악하기 때문입니다.

한 달란트 가진 신실하지 못한 종은 자기 주인을 위해 아무것도 하지 않았습니다. 이렇게 행동하지 않는 것은 그의 신앙고백과 섬김이 헛되고 진솔하지 못했음을 보여주었던 것입니다. 예수를 주로 시인하며 하나님께서 죽은 자 가운데서 그를 살리신 것을 믿는다고 고백했다면 부활하신 주님이 나의 주인이며 그분의 말씀과 성령의 음성을 늘 의식하며 살려고 노력할 것입니다.

부활하신 예수 그리스도를 구원자와 주님으로 모시는 영접기도 내용 안에 이미 모든 것이 포함되어 있습니다. 먼저 하나님에 대한 반역으로부터 돌아서는 것입니다. 나는 예수님을 모르고 살아왔습니다. 내가 인생의 주인인 줄 알았습니다. 그것으로부터 나는 돌아섭니다. 나는 예수를 따르기 원합니다. 과거에는 내가 나를 다스렸지만 이제 그 통치자의 자리를 그리스도께 드립니다. 나로부터 그리스도로 주인이 바뀐 것입니다. 예수를 주로 시인한다는 것은 그와 같습니다. 또 중요한 것은 주님이 나에게 강요하는 것이 아니라 내가 자발적으로 섬겨야 한다는 것입니다. 스스로 자원하여 주님을 귀하게 대접하고 신부가 신랑에게 그러하듯 순결을 지키며 늘 사랑하며 기쁘시게 하는 것입니다. 그러므로 회개와 순종은 언제나 함께 있는 것입니다.

영원한 심판

또 내가 크고 흰 보좌와 그 위에 앉으신 이를 보니 땅과 하늘이 그 앞에서 피하여 간 데 없더라 또 내가 보니 죽은 자들이 큰 자나 작은 자나 그 보좌 앞에 서 있는데 책들이 펴 있고 또 다른 책이 펴졌으니 곧 생명책이라 죽은 자들이 자기 행위를 따라 책들에 기록된 대로 심판을 받으니 바다가 그 가운데에서 죽은 자들을 내주고 **또 사망과 음부도 그 가운데에서 죽은 자들을 내주매 각 사람이 자기의 행위대로 심판을 받고 사망과 음부도 불못에 던져지니 이것은 둘째 사망 곧 불못이라 누구든지 생명책에 기록되지 못한 자는 불못에 던져지더라**　　　　　　　　　　　　　계 20:11-15

위의 말씀은 죽은 자의 부활과 심판을 말하고 있습니다. 죽은 자들이 모두 보좌에 앉으신 주님 앞에 서게 됩니다. 그리고 생명책에 기록된 대로 자신들의 행위에 따라 심판을 받게 됩니다. 바다와 사망과 음부가 그동안 간직하고 있던 죽은 자들의 영혼을 내어줍니다. 그 영혼들이 육체와 함께 결합하여 부활하는 것입니다. 그리고 심판의 생명책에 기록되지 못한 자는 불못에 던져집니다. 이것이 요한계시록의 마지막 말씀입니다.

부활, 심판, 영혼을 구원하는 일의 가치

그 때에 네 민족을 호위하는 큰 군주 미가엘이 일어날 것이요 또 환난이 있으리니 이는 개국 이래로 그 때까지 없던 환난일 것이며

> 그 때에 네 백성 중 책에 기록된 모든 자가 구원을 받을 것이라 땅의 티끌 가운데에서 자는 자 중에서 많은 사람이 깨어나 영생을 받는 자도 있겠고 수치를 당하여서 영원히 부끄러움을 당할 자도 있을 것이며 **지혜 있는 자는 궁창의 빛과 같이 빛날 것이요 많은 사람을 옳은 데로 돌아오게 한 자는 별과 같이 영원토록 빛나리라**
>
> 단 12:1-3

이 땅 위에서는 오래 살든지 적게 살든지 일을 많이 하든지 적게 하든지 큰 차이가 없습니다. "책에 기록된 모든 자가 다 구원을 받을 것이라"고 했기 때문입니다. 또 "땅의 티끌 가운데에서 자는 자 중에서 많은 사람이 깨어나 영생을 받는 자도 있겠고" 의인의 부활에 대한 이야기입니다. 얼마나 오래 전에 죽었든지 혹은 어떻게 죽음을 맞이했든지 또 어떻게 장사를 지냈든지 상관이 없습니다. 흙으로 돌아갔던 모든 사람들이 깨어나게 됩니다. 그때에도 영원히 빛나는 사람들이 있습니다. "**지혜 있는 자는 궁창의 빛과 같이 빛날 것이요 많은 사람을 옳은 데로 돌아오게 한 자는 별과 같이 영원토록 빛나리라**" 잠언 11장 30절에서도 "의인의 열매는 생명나무라 지혜로운 자는 사람을 얻느니라"고 했습니다. 영혼을 구원하는 사람이 지혜로운 사람입니다. 예수의 부활과 그리스도의 심판이 있기 때문에 영혼을 구원하지 못한 사람은 어리석은 사람입니다. 또 구원받지 못한 사람은 "수치를 당하여서 영원히 부끄러움을 당할 것"입니다.

형제들아 나는 아직 내가 잡은 줄로 여기지 아니하고 오직 한 일 즉 뒤에 있는 것은 잊어버리고 앞에 있는 것을 잡으려고 푯대를 향하여 그리스도 예수 안에서 하나님이 위에서 부르신 부름의 상을 위하여 달려가노라
[ESV] Brothers, I do not consider that I have made it my own. But one thing I do: forgetting what lies behind and straining forward to what lies ahead, I press on toward the goal for the prize of the upward call of God in Christ Jesus.

빌 3:13-14

사도 바울에게 하나님의 부르심은 바로 영혼구원이었으며 이것만이 그의 목표였습니다. 그는 자기의 분명한 목표를 마치 올림픽 경기에 나선 선수가 최고의 기록을 세워 금메달을 얻으려고 모든 에너지를 집중하여 자신을 훈련하고 채찍질 하는 모습으로 묘사하고 있습니다. 인생도 결국 집중과 선택의 결과를 보게 되어 있습니다. 바울은 이 최고의 부르심에 최고의 가치를 두고, 최고가

아닌 모든 것은 버리며 오직 이 한 일을 위해 치열한 삶을 살았습니다. 뿐만 아니라 그는 인생의 마지막이 가까웠을 때 이렇게 말할 수 있었습니다.

> 이제 후로는 나를 위하여 의의 면류관이 예비되었으므로 주 곧 의로우신 재판장이 그 날에 내게 주실 것이며 내게만 아니라 주의 나타나심을 사모하는 모든 자에게도니라
> [ESV] Henceforth there is laid up for me the crown of righteousness, which the Lord, the righteous judge, will award to me on that Day, and not only to me but also to all who have loved his appearing. 　　　　　　딤후 4:8

그러므로 이 위대한 하나님의 사람은 임종 전에 자신의 사랑하는 아들 제자 디모데에게 이렇게 부탁합니다. 이 말씀은 이 복음을 진지하게 생각하고 자신의 삶을 귀하게 생각하는 모든 그리스도인들이 받아야 할 너무나 귀한 말씀입니다.

> 오직 너 하나님의 사람아 이것들을 피하고 의와 경건과 믿음과 사랑과 인내와 온유를 따르며 믿음의 선한 싸움을 싸우라 영생을

취하라 이를 위하여 네가 부르심을 받았고 많은 증인 앞에서 선한 증언을 하였도다 만물을 살게 하신 하나님 앞과 본디오 빌라도를 향하여 선한 증언을 하신 그리스도 예수 앞에서 내가 너를 명하노니 우리 주 예수 그리스도께서 나타나실 때까지 흠도 없고 책망 받을 것도 없이 이 명령을 지키라 기약이 이르면 하나님이 그의 나타나심을 보이시리니 하나님은 복되시고 유일하신 주권자이시며 만왕의 왕이시며 만주의 주시요 오직 그에게만 죽지 아니함이 있고 가까이 가지 못할 빛에 거하시고 어떤 사람도 보지 못하였고 또 볼 수 없는 이시니 그에게 존귀와 영원한 권능을 돌릴지어다 아멘

딤전 6:11-16

그러므로 사랑하는 이를 먼저 하늘나라로 보내고 지상에 남은 가족들을 위로하는 장례 예배 때만이 아니라, 호흡이 있는 자는 모두 자신의 장례식 날이 하루씩 다가오는 것을 인식하는 것이 지혜입니다. 기독교가 예수의 부활로 말미암은 것이듯이 그리스도인의 삶의 모든 선택은 이 믿음에 근거해야 합니다. 그리고 이 부활에 대한 믿음은 그리스도의 부활에서 시작된 "하나님의 자녀"로서의 삶에 대한 믿음의 여정입니다. 그러므로 각 사람은 부활 날에 우리 주 예수 그리스도 앞에서 인정받는 영원한 가치를 기준으로 선택

하여 살아야 합니다. 그래서 바울은 고린도전서 15장에서 부활에 대하여 이렇게 권면하며 마무리합니다. 진실로 이 진리는 장례식 때만 들을 수 있는 귀한 본문 말씀이 아니라, 아침마다 새로운 주님의 인자와 사랑과 신실하심을 인식하는 모든 신실한 그리스도인의 유일한 목표가 되어야 마땅합니다.

> 주님의 한결같은 사랑이 다함이 없고 그 긍휼이 끝이 없기 때문이다. "주님의 사랑과 긍휼이 아침마다 새롭고, 주님의 신실이 큽니다." 애 3:22-23, 새번역

> 사망아 너의 승리가 어디 있느냐 사망아 네가 쏘는 것이 어디 있느냐 사망이 쏘는 것은 죄요 죄의 권능은 율법이라 우리 주 예수 그리스도로 말미암아 우리에게 승리를 주시는 하나님께 감사하노니 그러므로 내 사랑하는 형제들아 견실하며 흔들리지 말고 항상 주의 일에 더욱 힘쓰는 자들이 되라 이는 너희 수고가 주 안에서 헛되지 않은 줄 앎이라 고전 15:55-58

믿음의말씀사 출판물

구입문의 : 031-8005-5483 http://faithbook.kr

■ 케네스 해긴의 「믿음 도서관」 책들
- 새로운 탄생
- 재정 분야의 순종
- 나는 지옥에 갔다 왔습니다
- 하나님의 처방약
- 더 좋은 언약
- 예수의 보배로운 피
- 하나님을 탓하지 마십시오
- 네 주장을 변론하라
- 셀 모임에서 성령인도 받기
- 안수
- 치유를 유지하는 법
- 사랑은 결코 실패하지 않습니다
- 하나님께서 내게 가르쳐 주신 형통의 계시
- 왜 능력 아래 쓰러지는가?
- 다가오는 회복
- 잊어버리는 법을 배우기
- 위대한 세 단어
- 하나님의 은사와 부르심
- 그 이름은 "놀라우신 분"
- 우리에게 속한 것을 알기
- 성령을 받는 성경적인 방법
- 하나님의 영광
- 은혜 안에서의 성장을 방해하는 다섯 가지
- 사랑 가운데 걷는 법
- 바울의 계시: 화해의 복음
- 당신은 당신이 말하는 것을 가질 수 있습니다
- 그리스도 안에서
- 말
- 방언기도의 능력을 풀어 놓으라
- 옳은 사고방식 틀린 사고방식
- 속량 - 가난, 질병, 영적 죽음에서 값 주고 되사다
- 네 염려를 주께 맡겨라
- 예언을 분별하는 일곱 단계
- 절망적인 상황을 반전시키기
- 당신의 믿음을 풀어 놓는 법
- 진짜 믿음
- 믿음이란 무엇인가
- 그리스도께서 지금 하고 계시는 일
- 충분하고도 넘치는 하나님 엘 샤다이
- 금식에 관한 상식
- 하나님의 말씀 : 모든 것을 고치는 치료제
- 가족을 섬기는 법
- 조
- 당신이 알아야 하는 신유에 관한 일곱 가지 원리
- 여성에 관한 질문들
- 인간의 세 가지 본성
- 몸의 치유와 속죄
- 크게 성장하는 믿음
- 하나님 가족의 특권
- 기도의 기술
- 나는 환상을 믿습니다
- 병을 고치는 하나님의 말씀
- 영적 성장
- 신선한 기름부음
- 믿음이 흔들리고 패배한 것 같을 때 승리를 얻는 법
- 믿음의 선한 싸움을 싸우는 법
- 하나님의 계획과 목적과 추구
- 예수 열린 문
- 믿음의 계단
- 당신을 향한 하나님의 계획
- 역사하는 기도
- 기름부음의 이해
- 내주하시는 성령 임하시는 성령
- 재정적인 번영에 대한 성경적 열쇠들
- 어떻게 하나님의 영으로 인도받을 수 있는가?
- 마이더스 터치
- 치유의 기름부음
- 그리스도의 선물
- 방언
- 믿는 자의 권세(생애기념판)
- 믿음의 양식
- 승리하는 교회

■ E. W. 케년
- 십자가에서 보좌까지 무슨 일이 일어났는가?
- 두 가지 의
- 놀라우신 그 이름 예수
- 하나님 아버지와 그분의 가족
- 나의 신분증
- 두 가지 생명
- 새로운 종류의 사랑
- 그분의 임재 안에서
- 속량의 관점에서 본 성경
- 두 가지 지식
- 피의 언약
- 숨은 사람
- 두 가지 믿음
- 새로운 피조물의 실재

■ 스미스 위글스워스
- 스미스 위글스워스의 천국
- 스미스 위글스워스의 매일묵상
- 위글스워스는 이렇게 했다
- 스미스 위글스워스의 능력의 비밀

■ T. L. 오스본
- 행동하는 신자들
- 기적 – 하나님 사랑의 증거
- 새롭게 시작하는 기적 인생
- 좋은 인생
- 성경적인 치유
- 능력으로 역사하는 메시지
- 100개의 신유 진리
- 24 기도 원리 7 기도 우선순위
- 하나님의 큰 그림
- 긍정적 욕망의 힘
- 당신은 하나님의 최고의 작품입니다

■ 잔 오스틴
- 믿음의 말씀 고백기도집
- 하나님의 사랑의 흐름
- 견고한 진 무너뜨리기
- 초자연적인 흐름을 따르는 법
- 당신의 운명을 바꿀 수 있습니다
- 어떻게 하나님의 능력을 풀어놓을 수 있는가?

■ 크리스 오야킬로메
- 여기서 머물지 말라
- 이제 당신이 거듭났으니
- 당신의 인생을 재창조하라
- 이 마차에 함께 타라
- 그리스도 안에 있는 당신의 권리
- 성령님과 당신
- 성령님이 당신 안에서 행하실 일곱 가지
- 성령님이 당신을 위해 행하실 일곱 가지
- 기적을 받고 유지하는 법
- 하나님께서 당신을 방문하실 때
- 올바른 방식으로 기도하기
- 당신의 믿음을 역사하게 하는 법
- 끝없이 샘솟는 기쁨
- 기름과 겉옷
- 약속의 땅
- 하나님의 일곱 영
- 예언
- 시온의 문
- 하늘에서 온 치유
- 효과적으로 기도하는 법
- 어떤 질병도 없이
- 주제별 말씀의 실재
- 마음의 능력

■ 앤드류 워맥
- 당신은 이미 가졌습니다
- 은혜와 믿음의 균형 안에 사는 삶
- 하나님의 참된 본성
- 하나님은 당신이 건강하기 원하십니다
- 영 · 혼 · 몸

- 전쟁은 끝났습니다
- 믿는 자의 권세
- 새로운 당신과 성령님
- 노력 없이 오는 변화
- 하나님의 충만함 안에 거하는 열쇠
- 더 좋은 기도 방법 한 가지
- 재정의 청지기 직분
- 하나님을 제한하지 마라
- 하나님의 뜻을 발견하고 따라가며 성취하라
- 하나님의 참 본성

■ 기타「믿음의 말씀」설교자들
- 성령의 삶 능력의 삶
- 복을 취하는 법
- 주는 자에게 복이 되는 선물
- 믿음으로 사는 삶
- 붉은 줄의 기적
- 당신이 말한 대로 얻게 됩니다
- 예수–치유의 길 건강의 능력
- 성령 안의 내 능력
- 믿음과 고백
- 임재 중심 교회
- 성령충만한 그리스도인의 지침서
- 열정과 끈기
- 제자 만들기
- 어떻게 교회를 배가하는가
- 운명
- 모든 사람을 위한 치유
- 회복된 통치권
- 그렇지 않습니다
- 당신의 자녀를 리더로 훈련하라
- 오순절 운동을 일으킨 하나님의 바람
- 주일 예배를 넘어서

■ 김진호 · 최순애
- 왕과 제사장
- 새로운 피조물의 실재
- 믿음의 반석
- 새 언약의 기도
- 새로운 피조물 고백기도집(한글판/한영대조판)
- 성령 인도
- 복음의 신조
- 존중하는 삶
- 성경의 세 가지 접근
- 말씀 묵상과 고백
- 그리스도의 교리
- 영혼 구원
- 새로운 피조물
- 믿음의 말씀 운동의 뿌리
- 1인 기업가 마인드
- 내 양을 치라